Alexandra Bauer

Identifikative Integration

Über das Zugehörigkeitsgefühl von Migranten und Migrantinnen zu ihrer Aufnahmegesellschaft

KULTUR – KOMMUNIKATION – KOOPERATION

herausgegeben von Gabriele Berkenbusch und Katharina von Helmolt

ISSN 1869-5884

7 *Jessica Bielinski*
Bikulturelle Partnerschaften in Deutschland
Eine Studie über Diskriminierungen, Konflikte und Alltagserfahrungen
ISBN 978-3-8382-0299-0

8 *Gabriele Berkenbusch, Katharina von Helmolt, Vasco da Silva (Hg.)*
Migration und Mobilität aus der Perspektive von Frauen
ISBN 978-3-8382-0156-6

9 *Ann-Kathrin Hörl*
Interkulturelles Lernen von Schülern
Einfluss internationaler Schüler- und Jugendaustauschprogramme auf die persönliche Entwicklung und die Herausbildung interkultureller Kompetenz
ISBN 978-3-8382-0361-4

10 *Gwendolin Lauterbach*
Hierarchie in internationalen Hochschulkooperationen
Eine Studie zu deutsch-kirgisischer Projektarbeit
ISBN 978-3-8382-0392-8

11 *Gabriele Berkenbusch, Elisa Wiesbaum, Jens Weyhe*
Zwischen Hochschule und Arbeitsmarkt
Die Absolventenstudie der Fakultät Angewandte Sprachen und Interkulturelle Kommunikation der Westsächsischen Hochschule Zwickau
ISBN 978-3-8382-0351-5

12 *Ciara Hogan, Nadine Rentel, Stephanie Schwerter (eds.)*
Bridging Cultures: Intercultural Mediation in Literature, Linguistics and the Arts
ISBN 978-3-8382-0352-2

13 *Katharina von Helmolt, Gabriele Berkenbusch, Wenjian Jia (Hg.)*
Interkulturelle Lernsettings
Konzepte – Formate – Verfahren
ISBN 978-3-8382-0349-2

14 *Alexandra Bauer*
Identifikative Integration
Über das Zugehörigkeitsgefühl von Migranten und Migrantinnen zu ihrer Aufnahmegesellschaft
ISBN 978-3-8382-0382-9

Alexandra Bauer

IDENTIFIKATIVE INTEGRATION

Über das Zugehörigkeitsgefühl von Migranten und Migrantinnen zu ihrer Aufnahmegesellschaft

ibidem-Verlag
Stuttgart

Bibliografische Information der Deutschen Nationalbibliothek
Die Deutsche Nationalbibliothek verzeichnet diese Publikation in der Deutschen Nationalbibliografie; detaillierte bibliografische Daten sind im Internet über http://dnb.d-nb.de abrufbar.

Bibliographic information published by the Deutsche Nationalbibliothek
Die Deutsche Nationalbibliothek lists this publication in the Deutsche Nationalbibliografie; detailed bibliographic data are available in the Internet at http://dnb.d-nb.de.

Coverabbildung: © Wes / PIXELIO

∞

Gedruckt auf alterungsbeständigem, säurefreien Papier
Printed on acid-free paper

ISSN: 1869-5884

ISBN-13: 978-3-8382-0382-9

Printed in Germany

Inhalt

1. Einleitung

Das Thema dieser Untersuchung bezieht sich auf einen Teil des Integrationsprozesses, der auch zugleich den Abschluss einer gelungenen Integration darstellt. Die identifikative Integration, also die Identifikation mit der Aufnahmegesellschaft, ist das Ziel eines langsamen Prozesses, in dem der Migrant oder die Migrantin im Idealfall in die strukturellen, sozialen und kulturellen Lebensbereiche der Aufnahmegesellschaft integriert wird und beginnt, sich zugehörig zu fühlen. Die strukturelle Integration der Migranten und Migrantinnen ist objektiv am gleichberechtigten Zugang zu den Kernbereichen der Gesellschaft wie Arbeitsmarkt, Bildungswesen, Gesundheitswesen oder Wohnungsmarkt messbar. Auch die soziale Integration ist an den Beziehungen, die die Migranten und Migrantinnen außerhalb ihrer eigenen ethnischen Gruppen zur Aufnahmegesellschaft aufgebaut haben, erkennbar. Die kulturelle Integration ist sowohl an den Sprachkenntnissen als auch in der Übernahme von „deutschen“ Verhaltensweisen und Einstellungen ersichtlich. Die Identifikation jedoch ist ein subjektiver und individuell unterschiedlicher Vorgang, der wesentlich schwerer zu erfassen und zu messen ist. Dies ist der Ausgangspunkt für Fragen, die in dieser Untersuchung aufgegriffen werden: Wann beginnt ein Migrant oder eine Migrantin, sich zu identifizieren? Wie entwickelt sich ein Gefühl der Verbundenheit mit den Menschen der Aufnahmegesellschaft und welche Bedingungen in der Aufnahmegesellschaft sind nötig, damit sich ein Zugehörigkeitsgefühl entwickelt? Wie ist dieser subjektive Prozess bisher gemessen worden und ist beispielsweise die Einbürgerung wirklich ein Indikator für ein Verbundenheitsgefühl mit Deutschland? Haben die Deutschen Einfluss auf die Entwicklung des Zugehörigkeitsgefühls und was können sie tun, damit sich ein Migrant oder eine Migrantin zugehöriger fühlen kann? Eine Befragung nach persönlichen und subjektiven Erfahrungen ist nicht nur eine Gelegenheit, die Meinungen der Migranten und Migrantinnen zu diesen Fragen zu erfahren, sondern auch ihre Empfindungen bezüglich ihres eigenen Integrationsprozesses kennen zu lernen. Welche Rolle spielt beispielsweise die Zugehörigkeit zu Deutschland in ihrem Integrationsprozess? Ist es wichtig, hundertprozentig dazuzugehören oder gibt es Sachverhalte, die eine hundertprozentige Zugehörigkeit nicht erstrebenswert machen?

Basierend auf diesem weitreichenden Erkenntnisinteresse und der Annahme, dass es für Migranten und Migrantinnen individuell und subjektiv wahrgenommene Voraussetzungen gibt, die das Gefühl der Zugehörigkeit und Identifikation mit der Aufnahmegesellschaft beeinflussen, wird in dieser Untersuchung der Frage nachgegangen, welche individuellen und subjektiven Erfahrungen es von Migranten und Migrantinnen in Bezug auf die persönliche Identifikation und das eigene Zugehörigkeitsgefühl in Deutschland gibt. Ferner sollen vorhandene Indikatoren zur Messung von Identifikation auf ihre Wirksamkeit hin überprüft und untersucht werden, ob zusätzliche Indikatoren zur Messung der identifikativen Integration gefunden werden können. Abschließend werden die Untersuchungsergebnisse auch hinsichtlich möglicher Anregungen für die Aufnahmegesellschaft analysiert.

Anhand einer qualitativen Befragung von Migranten und Migrantinnen sollen drei Hypothesen überprüft werden. Die erste Hypothese basiert auf der Kontakthypothese nach Allport (1971), die besagt, dass es zwischen Migranten und Migrantinnen und den Bewohnern und Bewohnerinnen des Aufnahmelandes ausreichend Kontaktgelegenheit unter bestimmten Bedingungen geben muss, damit sich auf beiden Seiten keine Vorurteile entwickeln (Allport 1971). Die Kontakthypothese wird für diese Untersuchung verändert, in dem nicht die Wirkung des Kontakts auf die Deutschen analysiert, sondern untersucht wird, wie sich durch Kontaktgelegenheiten unter bestimmten Bedingungen das Zugehörigkeitsgefühl der Migranten und Migrantinnen verändert. Die Annahme, die hier auf ihre Richtigkeit überprüft wird, lautet, wenn es für Migranten und Migrantinnen und Deutsche viele Kontaktmöglichkeiten unter bestimmten Bedingungen gibt und diese auch wahrgenommen werden, dann fördert dies das Zugehörigkeitsgefühl der Migranten und Migrantinnen zu Deutschland und den Deutschen.

Eine weitere Annahme, der in dieser Untersuchung nachgegangen wird, stützt sich auf die Formen der Sozialintegration nach Esser (Esser 2001). Esser sieht als Ziel der Integration eine Assimilation, da es aus seiner Sicht keine Mehrfachintegration gibt. Daher ist nur die Sozialintegration in *ein* gesellschaftliches System möglich – das der Aufnahmegesellschaft. Übereinstimmend mit der Sozialintegration Essers wird die Hypothese aufgestellt, je weniger Unterschiede auf der strukturellen und sozialen

Ebene zwischen der eigenen Person und den Mitgliedern der Aufnahmegesellschaft von dem Migranten oder der Migrantin wahrgenommen werden, desto mehr kann er oder sie sich zugehörig fühlen. Im Gegensatz zu Essers Behauptung, dass Assimilation die einzige gelungene Integration darstellt, wird angenommen, dass eine Zugehörigkeit nur dann möglich ist, wenn kulturelle Unterschiede Akzeptanz finden. Daher wird in dieser Arbeit folgende Hypothese überprüft werden: Je mehr kulturelle Unterschiede akzeptiert werden, desto eher kann sich der Migrant oder die Migrantin zur Aufnahmegesellschaft zugehörig fühlen und mit Aspekten der Aufnahmegesellschaft identifizieren.

Schließlich wird mit Bezug auf das Integrationsmodell Heckmanns (1992) die Wirkung des ethnischen Nationalstaatskonzepts, das in Deutschland lange Zeit den politischen Umgang mit ethnischen Minderheiten geprägt hat, auf die Zugehörigkeitsgefühle der Migranten und Migrantinnen und auf die Bereitschaft der Deutschen, sich mit einer veränderten Gesellschaft auseinander zu setzen, hin untersucht (Heckmann 1992). Da unter den Befragten keine Deutschen sind, wird indirekt aus den Erzählungen und Erfahrungen der Migranten und Migrantinnen gefolgert, ob die Hypothese verifiziert werden kann, dass je mehr Bereitschaft die Deutschen zeigen, sich mit einer ethnisch veränderten Gesellschaft auseinander zu setzen und zu identifizieren, desto mehr können sich Migranten und Migrantinnen in Deutschland zugehörig fühlen

Zu diesem Zweck wurde eine qualitative Befragung mit sechs Migranten und Migrantinnen durchgeführt. Die Auswahl der Teilnehmer und Teilnehmerinnen erfolgte nach der Sinus Sociovision Studie zu den Migrantenmilieus (Sinus Sociovision 2007). Es wurden drei Milieus ausgewählt und darauf geachtet, dass die Migranten und Migrantinnen aus unterschiedlichen Herkunftsländern kommen. Alle Interviewpartner und -partnerinnen wurden mit Hilfe eines Leitfadens befragt. Die Festlegung der Kategorien für die Auswertung der Interviews erfolgt theoriebezogen, die Strukturierung der Ergebnisse in Themenschwerpunkte wird induktiv erarbeitet.

Zu Beginn werden in dieser Arbeit Konzepte von Integration und Identifikation vorgestellt. Es werden zunächst Definitionen von Integration und Identifikation gegeben. Für die Begriffsbestimmung der Integration wird die Definition von Esser (2001)

herangezogen und durch die vier Dimensionen von Integration von Heckmann (1992) ergänzt. Es werden unterschiedliche Definitionen von Identifikation miteinander verglichen und geprüft, inwieweit sie sich ergänzen. Anschließend wird der Forschungsstand zu den bisher verwendeten Indikatoren für Identifikation von Migranten und Migrantinnen gegeben. Den theoretischen Bezugsrahmen dieser Arbeit bilden die Kontakthypothese, die Sozialintegration von Esser und das ethnische Nationalstaatskonzept. Diese werden ausführlich dargelegt und dienen als Diskussionsgrundlage bei der Überprüfung der Hypothesen unter Punkt 7.1. Im Anschluss an die Darstellung der Konzepte von Integration und Identifikation werden die Forschungsfrage und Hypothesen vorgestellt.

Unter Punkt 4 wird das methodische Vorgehen der qualitativen Befragung erläutert. Es wird die Methode des leitfadengestützten Interviews kurz beschrieben und dann die Operationalisierung der Forschungsfrage und die Entwicklung des Leitfadens auch im Hinblick auf die Erfahrungen mit den Pretests dargelegt. Die Auswahl der Interviewpartner und –partnerinnen erfolgte aus drei unterschiedlichen Milieus der Sinus Sociovision Studie zu den Migrantenmilieus in Deutschland. Unter Wahrung des Datenschutzes wird ein Überblick über die soziodemografischen und milieuspezifischen Merkmale der interviewten Migranten und Migrantinnen gegeben. Ferner wird in diesem Kapitel auch die Durchführung der Interviews beschrieben.

Für die Auswertung der Interviews wird die qualitative Inhaltsanalyse nach Philipp Mayring (2008) angewendet. Die Darstellung der methodischen Vorgehensweise bei der Auswertung der Interviews macht die Gewinnung des Datenmaterials nachvollziehbar und die Ergebnisse vergleichbar. Schließlich werden unter Punkt 6 die Ergebnisse präsentiert. Die Präsentation der Ergebnisse gliedert sich in sechs Themenschwerpunkte, die aus dem Datenmaterial gefolgert werden. Unter Punkt 7 werden die Ergebnisse der Befragung interpretiert. Zum einen wird untersucht, ob sich die Hypothesen verifiziert oder falsifiziert haben, zum anderen werden hier die Indikatoren auf ihre Wirksamkeit in Bezug auf die Ergebnisse überprüft. Schließlich werden Anregungen an die Aufnahmegesellschaft basierend auf den Wünschen und Erzählungen der Befragten gegeben.

2. Konzepte von Integration und Identifikation

In einem ersten Schritt werden hier die Begriffe Integration und Identifikation näher bestimmt, um eine klare Ausgangsbasis für die empirische Studie zu erhalten. Es wird eine Definition von Integration nach Esser vorgestellt, die aus einer Vielzahl an Definitionen von Integration ausgewählt wurde, weil sie umfassend und für diese Untersuchung am besten geeignet ist. Da Integration immer ein Prozess ist, der theoretisch in einer bestimmten Abfolge wie auch in bestimmten gesellschaftlichen Bereichen stattfindet, werden die vier Dimensionen der Integration nach Heckmann vorgestellt. Ferner wird das Münchner Integrationsmodell (Landeshauptstadt München 2008) herangezogen, das sich auf diese vier Dimensionen bezieht. Obwohl es in dieser Untersuchung um die identifikative Integration geht, ist es nötig, alle Dimensionen zu beschreiben da eine identifikative Integration ohne die anderen Integrationsbereiche eher unwahrscheinlich ist. Aufbauend auf einem allgemeinen Verständnis von Identifikation wird die ethnische Identifikation dargelegt und durch den Identifikationsbegriff von Henri Tajfel[1] erweitert. Schließlich wird in diesem Zusammenhang auf den Forschungsstand von Indikatoren für Identifikation hingewiesen, deren Anwendbarkeit unter Punkt 7.2 nach der Auswertung der Ergebnisse überprüft und diskutiert wird.

Als weitere theoretische Grundlage wird das Nationalstaatskonzept herangezogen. Wenn auch in dieser Untersuchung die Einstellung der Deutschen gegenüber den Migranten und Migrantinnen nicht überprüft wird, so hat das Konzept eventuell Auswirkungen auf die Erfahrungen, die Migranten und Migrantinnen mit Deutschen machen bzw. gemacht haben. Weiterhin wird die Kontakthypothese herangezogen, weil angenommen wird, dass der Kontakt zwischen Migranten und Migrantinnen und Deutschen ausschlaggebend für die Identifikation mit Deutschland ist. Schließlich wird das Sozialintegrationsmodell von Esser vorgestellt, da sich Esser ausführlich mit den Möglichkeiten und Voraussetzungen einer Identifikation von Migranten und Migrantinnen mit der Aufnahmegesellschaft auseinander setzt.

---

[1] Hierfür wurde die Abhandlung von Jan Skrobanek, Theorie der sozialen Identität (SIT): eine theoretische und empirische Kritik herangezogen.

2.1. Definition von Integration nach Esser

Esser nähert sich dem Begriff der Integration allgemein und definiert ihn zuerst als den „Zusammenhalt von Teilen in einem systemischen Ganzen“ (2001: 1). Die Einzelteile sind für das große Ganze wesentlich und „nicht wegzudenkend“. Durch den Zusammenschluss bilden die Einzelteile eine Einheit und grenzen sich als Ganzes nach außen hin ab. Das Ganze „wird in dieser Umgebung als System identifizierbar“. Die Einzelteile haben zueinander eine mehr oder weniger große Verbindung, um ein Ganzes bilden zu können und sind damit wechselseitig voneinander abhängig. Ferner haben bei der „Integration das Verhalten und die Zustände der Teile Auswirkungen auf das System insgesamt“ (ibid.). Esser überträgt diese allgemeingültige Definition von Integration auf soziale Systeme (ibid.). Familienverbände, Gruppen, Nachbarschaften oder die Gesellschaft als ein Ganzes stellen soziale Systeme dar. Der Zusammenhalt der sozialen Systeme geschieht über „soziale Relationen“, das heißt über den zwischenmenschlichen Kontakt in Form von Interaktionen und Kommunikation (ibid.). Die wechselseitigen Beziehungen zwischen den sozialen Systemen sind nach Esser von gegenseitigen Abhängigkeiten und Regelungen geprägt (ibid.). Es gibt beispielsweise eine materielle Abhängigkeit zwischen den Systemen durch den Austausch von Ressourcen, z. B. Bildung gegen Arbeitsplätze (Esser 2001: 2). Die Beziehungen zwischen den sozialen Systemen werden durch Normen geregelt. Es gibt nach Esser unter den Mitgliedern eines Systems aber auch geteilte Ansichten über typische Verhaltensweisen oder die Anerkennung von gesellschaftlichen Normen (ibid.). Diese „kulturellen Orientierungen“ bestehen aus gemeinschaftlich anerkannten Werten und verschiedensten Überzeugungen (ibid.).

Eine wichtige Entscheidung, die Esser vornimmt ist, dass die Systemintegration sich auf die „Integration des Systems einer Gesellschaft als Ganzheit“ bezieht, die Sozialintegration sich mit der „Integration der Akteure (…) ‚in‘ das System hinein“ beschäftigt (2001: 3). Die Systemintegration ist die Form des Zusammenhalts gesellschaftlicher Teile, der sich nicht mit den persönlichen Motiven und Beziehungen der individuellen Mitglieder einer Gesellschaft auseinander setzt. Die Sozialintegration hingegen beschäftigt sich mit den „Motiven, Orientierungen, Absichten und – insbesondere – den Beziehungen der Akteure“ und ist für diese Untersuchung damit die entscheidende Perspektive auf die Integration der Migranten und Migrantinnen (Esser 2001: 3-4).

Weiterhin sind für diese Untersuchung insbesondere die kulturellen Orientierungen interessant, die die Mitglieder einer Gesellschaft entweder teilen oder über die sie einen Konsens bilden, um ein integraler Teil der Gesellschaft sein zu können oder zu werden. Esser sieht gerade bei der kulturellen Orientierung die größten Unterschiede zwischen den Mitgliedern innerhalb eines Systems, denn die „kulturellen Fertigkeiten“ unterscheiden sich oft erheblich (2001: 2). Für die Integration von Migranten und Migrantinnen in ein bestehendes System, eine Gesellschaft, ist die Aneignung der kulturellen Fertigkeiten, beispielsweise der Sprache wesentlich, um in wechselseitige Beziehung zu den Mitgliedern des Systems kommen zu können. Erst dann ist es möglich, weitere Aspekte der kulturellen Orientierungen der Mitglieder eines Systems näher kennen lernen zu können.

2.2. Vier Dimensionen des Integrationsprozesses nach Heckmann

Heckmann definiert vier Dimensionen des Integrationsprozesses (Heckmann 2005: 2). Unter der *strukturellen Integration* versteht Heckmann den gleichberechtigten Zugang zu den Kernbereichen der Aufnahmegesellschaft: Arbeitsmarkt, Bildungswesen, Wohnungsmarkt, Gesundheitssystem und politische Gemeinschaft (Heckmann 2005: 2). Im Integrationskonzept der Landeshauptstadt München, das auf der Einteilung des Integrationsprozesses nach Heckmann beruht, wird darauf hingewiesen, dass die strukturelle Integration die Voraussetzung für eine kulturelle und soziale Integration ist (Landeshauptstadt München 2008: 26). Die Gleichstellung der Migranten und Migrantinnen mit den Deutschen ist hier das zentrale Element.

Die Dimension *kulturelle Integration* bezieht sich auf die Frage, ob ethnische Unterschiede und damit die Organisation ethnischer Gruppen unterstützt werden sollen oder ob dies, wie es Heckmann sieht, eine Minderheitenpolitik fördert, die ethnische Unterschiede hervorhebt und damit einer kulturellen Annäherung entgegen steht (2005: 6). Er sieht dabei generell den Platz für kulturelle Praktiken im Privaten und betont, dass in öffentlichen Institutionen, in der Arbeit, an Schulen und Kindergärten eine Akkulturation angestrebt werden soll (Heckmann 2005: 7). Die Landeshauptstadt München sieht für jede kulturelle Annäherung als Voraussetzung den Erwerb der deutschen Sprache (2008: 36). Kulturelle Integration zeigt sich nach diesem Konzept in der Veränderung von Verhaltensweisen und Einstellungen; das Ziel ist es, eine Annäherung an die Werte der Zielgesellschaft zu erreichen. Gerade hier werden die Ergebnisse der Interviews zeigen, dass für viele Migranten und Migrantinnen die kulturelle Integration auch Grenzen hat.

Die *soziale Integration* stellt die sozialen Beziehungen zwischen Migranten und Migrantinnen und Deutschen in den Mittelpunkt. Hierbei geht es um den Kontakt und die Bildung von Freundschaften zwischen Migranten und Migrantinnen und Deutschen, der sich auch in Mitgliedschaften in Vereinen und Organisationen zeigt (Heckmann et al. 2000: 15). Die Aufgabe der Aufnahmegesellschaft ist es, mit „Offenheit und Bereitschaft solche Mitgliedschaften zu akzeptieren und Vorurteile und Diskriminierungen abzubauen“ (Heckmann et al. 2000: 15). Im Münchner Integrationskonzept wird betont, dass es nötig ist, dass die Migranten und Migrantinnen wiederum eine Bereitschaft zu sozialen Kontakten außerhalb ihrer eigenen ethnischen Gruppierung zeigen (Landeshauptstadt München 2008: 34). Die Zahl der interethnischen Eheschließungen zeigt beispielsweise, welche Bereitschaft für enge persönliche Beziehungen im Alltag gegeben ist (ibid.).

Die *identifikative Integration* schließlich erfolgt langsamer als die anderen Integrationsschritte und hängt, so Heckmann et al., stark vom Identifikationsangebot der aufnehmenden Gesellschaft ab (2000: 16). Die identifikative Integration wird als Entwicklung eines Zugehörigkeitsgefühls verstanden, das sich selten bei Einwanderern und Einwanderinnen der ersten Generation entwickelt (Heckmann et al. 2000: 17). Ferner weist Heckmann darauf hin, dass es sich bei der identifikativen Integration um einen subjektiven Vorgang handelt, der eine Identifikation mit den „ethnisch-nationalen, regionalen und (..) lokalen Strukturen“ meint (2005: 2). Auch hier geht es um Gegenseitigkeit: die Migranten und Migrantinnen sollen die Bereitschaft zeigen, sich mit den Strukturen vor Ort zu identifizieren, benötigen hierfür aber die Möglichkeit der Beteiligung (Landeshauptstadt München 2008: 38). Wie eingangs erwähnt, ist es die Aufgabe der Aufnahmegesellschaft, sich ebenfalls mit den durch die Einwanderung erfolgten Veränderungen auseinander zu setzen und zu identifizieren (ibid.).

Wunderlich definiert die identifikatorische Integration als die Entwicklung von Zugehörigkeitsgefühlen, die von den einzelnen Befragten ihrer Studie individuell definiert wurden (2005: 46).

Zusammenfassend lässt sich sagen, dass die Entwicklung der identifikativen Integration ein langsamer und individueller Vorgang ist, der eine gelungene strukturelle, soziale und kulturelle Integration als Basis benötigt. Identifikation mit dem Aufnahmeland ist ein Prozess, der sowohl von den Migranten und Migrantinnen als auch von den Deutschen Bereitschaft erfordert, sich mit dem Gegenüber auseinander zu setzen. Heckmann und Schnapper formulieren dies so, dass es bei Migration nicht nur um die Frage geht, wer sind die anderen, sondern genauso um die Frage, wer sind wir? (2003: 56).
Um sich dem Begriff der Identifikation anzunähern, werden im Folgenden verschiedene Definitionen diskutiert und der Zusammenhang zur Integration hergestellt.

2.3. Definitionen von Identifikation

Schnell definiert die Identifikation als die Wertschätzung der eigenen Zugehörigkeit zu einer Gruppe und erweitert diese Definition um die ethnische Identifikation, die demnach das „Ausmaß der Wertschätzung einer Person in Hinsicht auf die eigene Zugehörigkeit zu einer ethnischen Gruppe" darstellt (1990: 45-46). Diese Definition soll hier erweitert werden und sowohl die Identifikation mit der eigenen ethnischen Gruppe umfassen als auch die Identifikation mit der Aufnahmegesellschaft als einer anderen ethnischen Gruppierung. Diese Erweiterung der Definition setzt eine Zugehörigkeit bereits voraus, die von der einzelnen Person in einem gewissen Maß wertgeschätzt wird. Das Zugehörigkeitsgefühl mit der eigenen ethnischen Gruppe ist in der Regel bereits vorhanden, wird sozusagen mitgebracht. Das Zugehörigkeitsgefühl zur Aufnahmegesellschaft muss erst entwickelt werden, bevor eine Wertschätzung erfolgen kann. Auch hier zeigt sich, wie wichtig im Integrationsprozess alle vier Dimensionen sind, über die sich schrittweise eine Zugehörigkeit entwickeln kann. Denn eine Identifikation mit der Aufnahmegesellschaft als emotionaler Prozess ist nicht erzwingbar (Heckmann et al. 2000: 16).

Eine weitere Definition von Identifikation, die hier zum Tragen kommen soll, geht auf die Theorie der sozialen Identität nach Tajfel (1978) zurück. Tajfel beschäftigt sich u.a. damit, wie die Zugehörigkeit zu einer oder mehreren Gruppen die Sicht des Menschen auf sich selbst - seine soziale Identität - beeinflusst (1978). Nach Tajfel leitet sich die soziale Identität eines Menschen ab "... from his knowledge of his membership of a social group ... together with the value and emotional significance attached to that membership" (1978: 63). Skrobanek schließt hieraus, dass Identifikation das „Wissen um die Zugehörigkeit und emotionale Bedeutung dieser Zugehörigkeit“ ist (2005: 6). Bei dieser Definition zeigt sich, dass für eine Identifikation die subjektive Wahrnehmung von Zugehörigkeit maßgeblich ist. Die Zugehörigkeit braucht das Bewusstsein, dass es Gruppen gibt, denen man angehört oder angehören möchte. Zugehörigkeit braucht auch eine Motivation und diese liegt in der emotionalen Bedeutung, die die Gruppe für den Einzelnen oder die Einzelne hat. Skrobanek kritisiert hier Tajfel, der die Bedeutung der Gruppe für den Einzelnen oder die Einzelne auf die emotionale Bedeutung beschränkt, während Skrobanek auch eine strategische Bedeutung der Gruppe sieht und dies als das Selbstinteresse der Person bezeichnet (2005: 6-7). Diese Kritik scheint für die identifikative Integration sehr wichtig, denn es ist durchaus vorstellbar, dass das strategische Interesse an der Gruppe bei Migranten und Migrantinnen zu Beginn der Einwanderung überwiegt, wenn noch keine Zugehörigkeit besteht und daher auch eine emotionale Bedeutung oder eine Wertschätzung dieser Zugehörigkeit sich noch nicht entwickelt haben kann.

Die eigene emotionale Bewertung der Zugehörigkeit im Sinne einer Wertschätzung oder einer emotionalen Bedeutsamkeit ist die Voraussetzung für eine identifikative Integration und setzt immer einen strukturellen, sozialen und kulturellen Integrationsprozess voraus.

2.4. Indikatoren für Identifikation

Es gibt eine große Palette an Indikatoren für Identifikation. Heckmann et al. unterscheiden in der EFFNATIS Befragung nach Zugehörigkeits- und Heimatgefühlen

sowie nach Besuchen im Herkunftsland und Rückkehrabsicht (2000: 57-65). Beim Indikator Zugehörigkeits- und Heimatgefühle wird unterschieden zwischen Selbstidentifikation oder auch primärer Identifikation und sekundärer Identifikation, die sich in der Befragung als lokale Identifikation zum Beispiel mit dem Wohnort oder Europa zeigt.
Die jährliche Mehrthemenbefragung des Instituts an der Universität Duisburg-Essen, Stiftung Zentrum für Türkeistudien, verwendet ebenfalls als Indikatoren für die Identifikation die Heimatverbundenheit und Rückkehrabsicht (Sauer 2009: 96-117). Ferner wird hier die Identifikation auch durch den Indikator Staatsbürgerschaft und Einbürgerungsabsicht gemessen (ibid.). Sauer fasst diese vier Indikatoren zu einem Index für die identifikative Orientierung zusammen (2009: 114).

Ein holländisch-deutscher Vergleich von Integrationsindikatoren benennt für die identifikative Integration den Indikator „Selbsteinschätzung" (Michalowski, Snel 2005: 51). Dieser Indikator wird unterteilt in das Selbstwertgefühl, die Einschätzung der eigenen Chancen im Aufnahmeland und die „gefühlte Nähe zur Aufnahmegesellschaft". Es wird erklärt, dass die Selbsteinschätzung von Migranten und Migrantinnen deshalb ein bedeutender Indikator ist, weil er auch anzeigt, wie viel Nähe von der Aufnahmegesellschaft zugelassen wird und damit auch Diskriminierungserfahrungen widerspiegelt (ibid.). Obwohl hier deutlich wird, dass beispielsweise die „gefühlte Nähe zur Aufnahmegesellschaft" schwer messbar ist, wird jedoch auch verständlich, dass ein subjektiver Prozess Indikatoren braucht, die nach der subjektiven Einschätzung der Migranten und Migrantinnen fragt.

Wunderlich stellt in ihrer Studie zu den subjektiven Dimensionen des Einbürgerungsprozesses fest, dass die Einbürgerung kein genereller Indikator für die Identifikation mit dem Aufnahmeland darstellt (2005: 172). Ihre Interviews zeigen, dass es eine Gruppe gibt, deren Identifikationsgefühle von der Einbürgerung nicht gefördert wurden; eine zweite Gruppe, für die das Zugehörigkeitsgefühl nichts mit der Einbürgerung zu tun hat und schließlich eine dritte Gruppe, deren Zugehörigkeitsgefühl durch die Einbürgerung stärker wurde (ibid.).

Das Münchner Integrationskonzept stellt als Indikatoren für die identifikative Integration die Teilhabe und Gestaltung am öffentlichen Leben in den Vordergrund (Landeshauptstadt München 2008: 39). Indikatoren sind hier beispielsweise der Anteil an Migranten und Migrantinnen, die in Stadtteilprojekten mitarbeiten oder sich bürgerschaftlich engagieren, die Mitgliedschaft im Elternbeirat und die Haltung aller Bürger und Bürgerinnen zur kulturellen Vielfalt der Stadtbevölkerung (ibid.).

Der erste Integrationsindikatorenbericht der Beauftragten der Bundesregierung für Migration, Flüchtlinge und Integration unterscheidet seine Indikatoren nicht nach der Einteilung Heckmanns in vier Dimensionen von Integration, sondern nach so genannten Lebenslagen (2009: 22). In diesem Bericht werden insgesamt 100 Indikatoren in 14 gesellschaftlichen Bereichen[2] gemessen (2009: 21). Von den 14 Bereichen sind drei relevant für eine direkte Messung der Identifikationsbereitschaft von Migranten und Migrantinnen. Aus diesen drei Bereichen konnten insgesamt vier Indikatoren identifiziert werden, die eine Messung des Grads der identifikativen Integration ermöglichen.

Gesellschaftsbereich	**Relevante Indikatoren für Identifikation**
Rechtsstatus	Einbürgerung
Gesellschaftliche Integration und Beteiligung	Politische Partizipation: Mitgliedschaft in politischen Parteien und Organisationen Bürgerschaftliches Engagement
Kriminalität, Gewalt und Fremdenfeindlichkeit	Rassistische, fremdenfeindliche oder antisemitische Gewalttaten

Tabelle 1: Relevante Indikatoren (Integrationsindikatorenbericht 2009: 26-128)

[2] Zu diesen Bereichen zählen Rechtsstatus, Frühkindliche Bildung und Sprachförderung, Bildung, Ausbildung, Arbeitsmarktintegration, Soziale Integration und Einkommen, Gesellschaftliche Integration und Beteiligung, Wohnen, Gesundheit, Demographie, Mediennutzung, Interkulturelle Öffnung der Verwaltung und der Sozialen Dienste, Politik sowie Kriminalität, Gewalt und Fremdenfeindlichkeit. Für die 100 Indikatoren vergleiche den Integrationsindikatorenbericht, Beauftragte des Bundesministerium für Migration, Flüchtlinge und Integration, 2009

Die Vielzahl der Indikatoren lässt zum einen erkennen, dass es einige Indikatoren gibt, die in den meisten Studien verwendet werden, hier gehört die Einbürgerung dazu und zum anderen, dass es vieler unterschiedlicher Ansätze bedarf, der Messung eines subjektiven Vorgangs gerecht zu werden. Inwieweit sich diese Indikatoren durch die Interviews dieser Forschungsarbeit erhärten oder nicht bestätigen lassen sowie neue Indikatoren gefunden werden konnten, wird unter Punkt 7.2 diskutiert werden.

Im Folgenden werden nun theoretische Modelle und Konzepte vorgestellt, die sich mit der Integration von ethnischen Gruppen in Gesellschaften befassen.

2.5. Die Kontakthypothese

Die Kontakthypothese geht auf Untersuchungen Allports zurück, wie Vorurteile von Gruppen und deren Mitgliedern erworben werden und welchen Einfluss soziokulturelle Faktoren wie zum Beispiel die Wirkung von Kontakt auf die Ausbildung von Vorurteilen haben (1971). Eine Untersuchung der quantitativen, individuellen und strukturellen Variabeln, die auf den zwischenmenschlichen Kontakt einwirken, ergab, dass Vorurteile "durch einen Kontakt mit gleichem Status zwischen Majorität und Minderheiten in der Anstrebung gemeinsamer Ziele verringert werden" (Allport 1971: 285). Der Kontakt muss jedoch zwingend zur "Entdeckung gemeinsamer Interessen und der gemeinsamen Menschlichkeit beider Gruppen" führen, um die Ausbildung von Vorurteilen abzuschwächen (Allport 1971: 286). Die Kontakthypothese besagt also im Wesentlichen, das es ganz bestimmte Voraussetzungen und Bedingungen gibt, unter denen zwischenmenschlicher Kontakt stattfinden sollte, damit sich Vorurteile nicht entwickeln können.

Es wird ferner angenommen, dass Vorurteile dann entstehen, wenn sich die verschiedenen Gruppen nicht kennen und diese abgebaut werden, wenn sich die Mitglieder der unterschiedlichen Gruppen kennen lernen (Becker 2007: 44). Es geht jedoch nicht nur darum, Gelegenheit für Kontakt zu schaffen, sondern der Kontakt muss unter bestimmten Bedingungen stattfinden. Voraussetzung für ein Bewahrheitung der Kontakthypothese sind - abgesehen von den bereits erwähnten Bedingungen des gleichen Status und der Anstrebung gemeinsamer Ziele - "die Unterstützung des Intergruppenkontaktes durch anerkannte Autoritäten und Normen sowie ausreichend Gelegenheit“

(Becker 2007: 45). Unterschiedliche Meinungen gibt es dazu, wie eng der Kontakt zwischen den einzelnen Mitgliedern der Gruppen sein sollte (Stroebe, Jonas, Hewstone 2003: 573). So wird angenommen, dass die mit einem positiven Einzelkontakt verbundene Einstellungsänderung nicht auf alle Angehörigen der Gruppe übertragen wird. Der individuelle Kontakt zu einem Mitglied verdrängt die Wahrnehmung der gesamten Gruppe. Stattdessen wird vorgeschlagen, dass sich einzelne Mitglieder nicht als Individuen befreunden, sondern als Angehörige ihrer Gruppe. Der Kontakt und die Begegnung finden also nicht unter Einzelpersonen, sondern unter einzelnen Gruppenmitgliedern statt, weil dann die Erfahrungen und der Einstellungswandel vom einzelnen Gruppenmitglied auf die Gruppe übertragen werden. Der Vorteil dieser Kontaktform ist, dass die Gruppenmitglieder im Einzelkontakt als typisch und repräsentativ für diese Gruppe angesehen werden (Stroebe, Jonas, Hewstone 2003: 574).

Brown und Hewstone schlagen eine Erweiterung der Kontakthypothese vor: Diejenigen Mitglieder von Gruppen, die Freundschaften zu einzelnen Mitgliedern anderer Gruppe unterhalten, sollen als Vorbild für ihre Gruppe gelten und so sollen Vorurteile gegenüber der Fremdgruppe von allen Mitgliedern der Eigengruppe abgebaut werden können. Wichtig ist jedoch, dass diejenigen, die mit Angehörigen der jeweils anderen Gruppe befreundet sind, als typisch für die eigene Gruppe wie die Fremdgruppe gelten, damit sie als Vorbild fungieren können. Auf diesem Wege lassen sich Veränderungen in der Einstellung generalisieren, allerdings wird zugebilligt, dass sich sowohl positive Wahrnehmungen als auch negative damit generalisieren lassen (ibid.). Es wird eingeräumt, dass Kontakte zwischen Einzelpersonen oft weniger beängstigend sind als Intergruppenkontakte und daher die Kontaktaufnahme begünstigen.

Becker diskutiert die genannte Bedingung der Gelegenheit für Kontakt genauer, da sich in Studien herausgestellt hat, dass die räumliche Nähe zwischen zwei oder mehreren unterschiedlichen Gruppen nicht bedeutet, dass die Gelegenheit zum Kontakt auch genutzt wird (2007: 46). Ob Migranten und Migrantinnen und Deutsche in Kontakt kommen, hängt von unterschiedlichen, strukturellen Bedingungen ab. So ist für die Wahrnehmung der persönlichen Kontaktmöglichkeiten der Anteil von Migranten und Migrantinnen an der Gesamtbevölkerung genauso wichtig wie auch die Meinung, die die Gruppen von sich haben (Becker 2007: 46-47). Grundsätzlich kritisiert Becker, dass es die für die Herstellung des Kontakts ideale Bedingungen meist nicht gibt und selbst bei optimalen Bedingungen oft die Erfahrungen des Einzelkontakts nicht auf die Gruppe übertragen werden, sondern das einzelne Mitglied als eine Ausnahme betrachtet wird (2007: 47).

2.6. Die Sozialintegration nach Esser

Um dieses Modell Essers darstellen zu können, ist es vorerst nötig, seinen Begriff der Sozialintegration zu erläutern. Esser stellt in seinem Sozialintegrationsmodell Formen der Integration vor, die er Kulturation, Platzierung, Interaktion und Identifikation nennt (2001: 8). Die Kulturation meint den Erwerb von spezifischem Wissen über Regeln, Kompetenzen und Fertigkeiten, die in der Aufnahmegesellschaft notwendig sind (Esser 2001: 8-9). Dabei spielt der Spracherwerb eine zentrale Rolle. Kulturation in Essers Sinne ist ein „Spezialfall des Lernens", denn ursprünglich wird der Mensch während seiner Sozialisation auf die eigene Kultur hin geprägt. Dieser Vorgang muss in der Migration zu einem späteren Zeitpunkt wiederholt werden, dies ist die so genannte Akkulturation. Diese Form der Sozialintegration ist vergleichbar mit Heckmanns kultureller Integration.

Die Platzierung ist die „Besetzung einer bestimmten gesellschaftlichen Position" durch den Migranten oder die Migrantin (Esser 2001: 9). Unter der Platzierung versteht Esser die Eingliederung der Migranten und Migrantinnen in das bestehende Sozialsystem durch die Übernahme einer bestimmten sozialen Position. Je höher die soziale Akzeptanz des oder der Einzelnen, desto besser verläuft die Sozialintegration (Esser 2001: 10). Bei Heckmann entspricht Essers „Platzierung" der strukturellen Integration.

Die dritte Form der Sozialintegration ist die Interaktion als eine Art „emotionale Platzierung" durch Kommunikation und persönliche Beziehungen zwischen Personen des Aufnahmelandes und Migranten und Migrantinnen (Esser 2001: 11). Strukturelle Bedingungen für eine erfolgreiche Interaktion sind die Kontaktmöglichkeiten, die Bereitschaft auf beiden Seiten in Kontakt zu treten sowie sprachliche Fähigkeiten auf Seiten der Migranten und Migrantinnen. Esser stellt den engen Zusammenhang heraus zwischen Wissenserwerb und der strukturellen wie emotionalen Platzierung in der Gesellschaft (Esser 2001: 12).

Schließlich gibt es wie auch bei Heckmann eine vierte Dimension, die Esser Identifikation nennt. Diese definiert Esser als „eine besondere Einstellung eines Akteurs, in der er sich und das soziale Gebilde als eine Einheit sieht und mit ihm identisch wird“ (Esser 2001: 12). Es handelt sich um eine „gedankliche und emotionale Beziehung“ zwischen dem einzelnen Migranten oder der Migrantin und der Aufnahmegesellschaft als soziales System (ibid.). Ferner unterscheidet Esser drei Formen der Identifikation: Werteintegration, Bürgersinn und Hinnahme (ibid.). Unter Werteintegration versteht Esser ein Gefühl der Solidarität mit der Gesellschaft hinsichtlich ihrer Beschaffenheit und ihrer kollektiven Werte. Als Bürgersinn bezeichnet Esser eine Haltung der Gesellschaftsmitglieder, die die gesellschaftliche Ordnung unterstützt, weil sie im Gegenzug für den Erhalt der staatsbürgerlichen Rechte sorgt (Esser 2001: 13). Unter Hinnahme versteht Esser schließlich die Unterstützung des Sozialsystems aus persönlichem Interesse. Dabei kommt es entweder zu einer Verkettungsintegration, bei der sich innere Überzeugungen mit äußeren Grenzen überkreuzen und aus den komplizierten Verkettungen heraus Integration entsteht, die das persönliche Interesse trotzdem berücksichtigt oder zu einer Deferenzintegration, bei der die Gesellschaft so hingenommen wird, wie sie ist, weil Änderungsversuche als aussichtslos gesehen werden. Auch bei Esser sind die Platzierung, die Interaktion und die Kulturation vorausgehende Bedingungen für die Identifikation mit der Gesellschaft und bilden gemeinsam die Komponenten der Sozialintegration (Esser 2001: 14).

Die Sozialintegration kann sich bei Migranten und Migrantinnen auf verschiedene soziale Systeme beziehen: das Herkunftsland, das Aufnahmeland und die ethnische Gruppe im Aufnahmeland (Esser 2001: 19). Esser sieht einen Zusammenhang zwischen Integration in der Herkunftsgesellschaft oder ethnischen Gruppe und der Integration im Aufnahmeland. Im Vergleich der Integration in diese verschiedenen sozialen Systeme werden vier Typen von Sozialintegration erkennbar:

Die Segmentation ist nach Esser häufig eine Erscheinung unter den ersten Generationen von Einwanderern und Einwanderinnen, die sich im neuen Land in ihren vertrauten ethnischen Gruppen zusammenschließen, oftmals um die Belastungen der Migration zu mildern (Esser 2001: 20).

Unter Marginalität versteht Esser die „nicht-vollzogene Sozialintegration von Akteuren in *irgend*welche gesellschaftliche Zusammenhänge“ (ibid.), Migranten und Migrantinnen sind dabei nicht mehr in ihre Herkunftsgesellschaft und noch nicht in die Aufnahmegesellschaft integriert.

Die Mehrfachintegration ist laut Esser ein unrealistischer Zustand, da sie eine „soziale Integration in mehrere, kulturell und sozial unterschiedliche Bereiche gleichzeitig“ erfordert (2001: 20). Die damit verbundene mehrfache Identität erfordere eine Intensität an Lernmöglichkeiten, die vielen Einwanderern und Einwanderinnen verschlossen blieben.

Die Assimilation ist die Akkulturation an die Aufnahmegesellschaft im Sinne eines Erwerbs von Rechten und Pflichten und von Positionen in der Gesellschaft sowie der Aufnahme von Beziehungen zu den Gesellschaftsmitgliedern und die Identifikation mit der Gesellschaft (Esser 2001: 21).

Folgende Abbildung fasst den Zusammenhang von Sozialintegration in die Herkunftsgesellschaft und in die Aufnahmegesellschaft zusammen (Esser 2001: 19).

		Sozialintegration in die Aufnahmegesellschaft	
		ja	**nein**
Sozialintegration in die Herkunftsgesellschaft/ ethnische Gemeinde	**ja**	Mehrfachintegration	Segmentation
	nein	Assimilation	Marginalität

Abbildung 2: Typen der (Sozial-)Integration von Migranten (Esser 2001: 19)

Es wird sichtbar, dass die Mehrfachintegration sowohl eine Sozialintegration mit dem Herkunftsland bzw. der ethnischen Gruppe und dem Aufnahmeland bedeutet. Bei der Segmentation erfolgt keine Integration in die Aufnahmegesellschaft, aber es bleibt weiterhin eine Integration in die eigene ethnische (Herkunfts-)gruppe bestehen. Die Assimilation dagegen ist die Integration in die Aufnahmegesellschaft bei gleichzeitiger Aufgabe der Integration in die Herkunftsgesellschaft. Bei der Marginalität besteht weder eine Integration in die Herkunfts- noch in die Aufnahmegesellschaft.

Weder die Segmentation noch die Marginalität sind nach Esser eine erfolgreiche Sozialintegration, denn bei der Marginalität handelt es sich um „das Fehlen jeder sozialen Integration“ und bei der Segmentation ist eine Integration in die Aufnahmegesellschaft gar nicht erfolgt (Esser 2001: 20). Die Assimilation ist aus Essers Sicht die einzige Form einer gelungenen Sozialintegration und bedeutet nicht eine vollkommene Übereinstimmung mit der Aufnahmegesellschaft, aber eine Angleichung (ibid.). Ziel ist es, dass es „keine systematischen Unterschiede in der Verteilung gewisser Eigenschaften und Ressourcen über die verschiedenen Gruppen einer Gesellschaft gibt“ (Esser 2001: 21). Ob es wirklich nicht möglich ist, sich mehrfach zu integrieren, wird bei der Auswertung der Interviews gezeigt werden.

2.7. Das ethnische Nationalstaatskonzept

Das Konzept eines ethnischen Nationalstaats in Deutschland geht zurück auf den ethnischen Nationalismus, eine Ideologie, die im 18. Jahrhundert entstand und zu einem politischen Prinzip wurde, das besagte, dass im Idealfall die ethnischen und staatlichen Grenzen übereinstimmen sollten (Heckmann 1992: 44). In dieser Ideologie bilden die Angehörigen einer nationalen Gruppe eine homogene, ethnische Einheit (Heckmann 1992: 45). Die Nation versteht sich demnach als eine „Abstammungsgemeinschaft“, die sich auf die gleiche Kultur und Geschichte bezieht (Heckmann 1992: 211). In diesem Nationenstaat wird jeder, der nicht die gleiche Abstammung hat, zu einer ethnischen Minderheit (ibid.). Ebenso sieht das ethnische Konzept des Nationalstaats keine Aufnahme eines Fremden in die Abstammungsgemeinschaft vor, der Fremde wird zum „Störfaktor“ in der Abstammungsgemeinschaft und dies schlägt sich wiederum nieder im politischen Umgang mit den Minderheiten (Heckmann 1992: 212). So bedeutet die ethnische Zugehörigkeit zum Nationalstaat auch eine rechtlich-politische Teilhabe, während die ethnische Minderheit von dieser Teilhabe ausgeschlossen ist (ibid.). Auch die Staatsbürgerschaft ist eng an die ethnische Abstammung geknüpft, die Aufnahme als Nichtangehöriger ist daher eine Ausnahme, verknüpft mit vielen rechtlichen und bürokratischen Hindernissen (Heckmann 1992: 213).

Das Verständnis vom ethnischen Nationalstaat prägt bis heute nicht nur die deutsche Politik gegenüber Ausländern, die lange Zeit ethnische Minderheiten ohne Integrationsbedarf darstellten, sondern auch die Einstellung der Bevölkerung gegenüber Fremden. Ein Bewusstsein für den historischen Einfluss des Nationalstaatskonzepts auf die Einstellung gegenüber Fremden zu entwickeln, ist nach Heckmann für die Deutschen notwendig, um eigene Vorbehalte gegenüber einer ethnisch vielfältigen Gesellschaft auch im Hinblick auf ihre geschichtlichen Ursachen besser verstehen zu können. Denn für die identifikative Integration der Migranten und Migrantinnen ist es wichtig, dass sich auch die Bevölkerung des Aufnahmelandes mit den dauerhaften Veränderungen, die Migration mit sich bringt, identifizieren kann.

3. Forschungsfrage und Hypothesen

In dieser Forschungsarbeit soll untersucht werden, welche individuellen und subjektiven Erfahrungen Migranten und Migrantinnen in Bezug auf ihre persönliche Identifikation mit und ihr Zugehörigkeitsgefühl zu Deutschland haben. Ferner soll geprüft werden, ob sich aus diesen Erfahrungen neue, allgemeingültige Indikatoren für die Messung von Identifikation bilden lassen. Schließlich wird analysiert werden, ob die Erfahrungen der Migranten und Migrantinnen Anregungen geben können, was die einzelnen Mitglieder der Aufnahmegesellschaft zur identifikatorischen Integration beitragen können. Die Forschungsarbeit basiert auf der grundlegenden Annahme, dass es für Migranten und Migrantinnen individuell und subjektiv wahrgenommene Voraussetzungen gibt, die das Gefühl der Zugehörigkeit und Identifikation mit der Aufnahmegesellschaft beeinflussen. Ausgehend von dieser Grundannahme wurden drei Hypothesen entwickelt.

Die erste Hypothese lautet: Wenn es für Migranten und Migrantinnen und Deutsche viele Kontaktmöglichkeiten unter bestimmten Bedingungen gibt und diese auch wahrgenommen werden, dann fördert dies das Zugehörigkeitsgefühl der Migranten und Migrantinnen zu Deutschland und den Deutschen. Es soll untersucht werden, welche Bedingungen aus der Sicht der Migranten und Migrantinnen für eine positive Kontaktaufnahme und damit für die Entwicklung eines Zugehörigkeitsgefühls notwendig sind.

Die zweite Hypothese besteht aus zwei Teilen: Erstens, je weniger Unterschiede auf der strukturellen und sozialen Ebene zwischen der eigenen Person und den Mitgliedern der Aufnahmegesellschaft von dem Migranten oder der Migrantin wahrgenommen werden, desto mehr kann er oder sie sich zugehörig fühlen. Zweitens, je mehr kulturelle Unterschiede akzeptiert werden, desto eher kann sich der Migrant und die Migrantin zur Aufnahmegesellschaft zugehörig fühlen und mit Aspekten der Aufnahmegesellschaft identifizieren. Der erste Teil der Hypothese wird von Essers Modell zur Sozialintegration und Heckmanns Dimensionen der Integration gestützt. Der zweite Teil der Hypothese stützt sich auf die Annahme, dass das Zugehörigkeitsgefühl gerade dann gestärkt wird, wenn es die Möglichkeit gibt, sich seine kulturelle

Identität zu bewahren. Hier besteht ein direkter Widerspruch zu Essers Theorie, den es nach der Auswertung der Befragung zu diskutieren gilt.

Die dritte Hypothese zielt auf die Erfahrungen der Migranten und Migrantinnen mit einer indirekten Wirkung des Nationalstaatskonzepts ab und lautet: Je mehr Bereitschaft die Deutschen zeigen, sich mit einer ethnisch veränderten Gesellschaft auseinanderzusetzen und zu identifizieren, desto mehr können sich Migranten und Migrantinnen in Deutschland zugehörig fühlen. Diese Bereitschaft zur Auseinandersetzung mit einer ethnisch veränderten Gesellschaft müsste sich in den Erfahrungen der Migranten und Migrantinnen mit den Deutschen widerspiegeln.

4. Die empirische Untersuchung

Nachdem nun sowohl die Begrifflichkeiten als auch der theoretische Bezugsrahmen vorgestellt und erläutert wurden, wird nun die Vorgehensweise bei der empirischen Untersuchung dargelegt. Es handelt sich um eine qualitative Befragung, die aufgrund der kleinen Zahl von Interviewpartnern und -partnerinnen nicht repräsentativ ist. Nach der Vorstellung der Methode des leitfadengestützten Interviews und des Leitfadens wird die Auswahl der Interviewpartner und -partnerinnen und die Durchführung des Interviews erörtert.

4.1. Das leitfadengestützte Interview

Das leitfadengestützte Interview ist eine Befragungsmethode, mit deren Hilfe subjektive Erfahrungen von Personen erhoben werden können (Diekmann 2007: 537). Die Interviewpartner und -partnerinnen haben eine konkrete Situation erlebt (ibid.). Diese hat wesentliche Merkmale, die vom Forscher/von der Forscherin mit dem Ziel analysiert werden, Hypothesen zu formulieren (ibid.). Der Leitfaden dient dazu, „dass im Interview möglichst alle relevanten Aspekte und Themen angesprochen werden", die zur Überprüfung der Hypothese und Beantwortung der Forschungsfrage nötig sind und sichert die Vergleichbarkeit der erhobenen Daten (Diekmann 2007: 537). Der Leitfaden enthält also die notwendigen Fragen, die jedoch in Reihenfolge und Formulierung an das Gespräch mit dem Interviewten angepasst werden dürfen, um nicht durch zu starke Einschränkung der Interviewten den Informationsfluss zu unterbrechen (ibid.). Es gibt vier Prinzipien, die ein Leitfaden erfüllen sollte: Der oder die Interviewte sollte durch die Fragen nicht beeinflusst werden; durch spezifisches Nachfragen sollen möglichst viele Reaktionen und Details in den Interviews gewonnen werden; das Interview sollte Gelegenheit geben, dass auf die Fragen in möglichst großer Weite reagiert werden kann. Der Interviewer sollte auf emotionale Äußerungen des oder der Interviewten eingehen, um subjektive Wahrnehmungen und Interpretationen der Befragten erheben zu können. (Diekmann 2007: 538). Für diese empirische Befragung wurde das leitfadengestützte Interview gewählt, um die subjektiven Erfahrungen von Migranten und Migrantinnen in Bezug auf ihre Identifikation und ihr Zugehörigkeitsgefühl zu erfahren.

4.2. Operationalisierung der Forschungsfrage

Der größte Fehler, so Gläser und Laudel sei es, zu versuchen, „die Forschungsfrage an das Untersuchungsobjekt, das heißt den Interviewpartner, weiterzureichen" (2009: 113). Ferner weisen sie darauf hin, dass sich der Forscher und die Forscherin in einem anderen Kontext bewegen als die Interviewten (2009: 112). Der Forscher oder die Forscherin formuliert sein/ihr Forschungsinteresse in einem wissenschaftlichen Zusammenhang, die Interviewten bewegen sich dagegen in einem Kontext, der von ihrer Lebenswelt geprägt ist (ibid.). Die Aufgabe des Forschers und der Forscherin ist es, die Fragen in den kulturellen Kontext der Befragten zu übersetzen (ibid.)

Bei der Vorbereitung der vorliegenden Untersuchung galt es also, die Forschungsfrage in Einzelfragen aufzulösen und diese in die Sprache der Interviewten zu übersetzen. Die Interviewten bilden jedoch keine homogene Gruppe, sondern kommen aus unterschiedlichen Milieus, die sich unter anderem stark in ihrem Bildungsniveau unterscheiden. Ebenso war anzunehmen, dass das Sprachniveau der Interviewpartner und -partnerinnen stark differiert. Die Begriffe mussten also so gewählt werden, dass alle Befragten sie gleichermaßen gut verstehen können. Die zentralen Begriffe sollten nach Möglichkeit in den einzelnen Interviews nicht variiert werden müssen, um die Vergleichbarkeit der Interviews zu gewährleisten. Jedoch gelang dies aufgrund des unterschiedlichen Sprachverständnisses der Befragten nicht in allen Interviews. Zumindest bei einem Interviewpartner musste die gewählte Phrase „Fühlen Sie sich verbunden" spontan neu formuliert werden. Hierbei handelt es sich um ein improvisiertes Vorgehen des Interviewers, abstrakte, nicht verstandene Formulierungen in konkrete und verständliche umzuwandeln (Hopf zitiert in Gläser und Laudel 2009: 112).

Das Forschungsinteresse galt erstens den individuellen und subjektiven Erfahrungen von Migranten und Migrantinnen in Bezug auf ihre persönliche Identifikation und ihr Zugehörigkeitsgefühl in Deutschland. Im Hinblick auf diesen Teil der Forschungsfrage mussten also die Begriffe Identifikation und Zugehörigkeitsgefühl operationalisiert werden. Zweitens sollte herausgefunden werden, ob aus den Erfahrungen der Migranten und Migrantinnen allgemeingültige Indikatoren für die Messung von Integration ableitbar sind. Dieser Teil der Forschungsfrage sollte nicht übersetzt und direkt an die Befragten weitergegeben werden, sondern indirekt aus den geschilderten

Erfahrungen beantwortet werden. Ziel hierfür war es, Fragen zu finden, die die Befragten zu ausführlichen Erzählungen anregten. Drittens sollte herausgefunden werden, ob die Erfahrungen der Migranten und Migrantinnen Anregungen geben können, was die einzelnen Mitglieder der Aufnahmegesellschaft zur identifikatorischen Integration beitragen können. Hierfür musste der Begriff ,Anregungen' an die Deutschen in eine alltagsübliche Sprache übersetzt werden.

Operationalisierung von ,Identifikation'

Für die Erhebung der Identifikation der Befragten mit den Deutschen musste der Begriff Identifikation in alltagsübliche Redewendungen übersetzt werden. In Anlehnung an das Identifikationsverständnis von Taifel sollte im Interview das Ausmaß der Identifikation und die emotionale Bedeutung der Identifikation erhoben werden. In der sprachlichen Gestaltung der Interviewfragen wurde der Begriff der „Verbundenheit" gewählt. Eine Hürde der Operationalisierung von Identifikation war, dass genau wie Identifikation auch ein Verbundenheitsgefühl die Fragen nach dem „womit oder mit wem" auslöst. Es wurde die Formulierung gewählt „mit den Deutschen" und „mit Deutschland", um eine größtmögliche Offenheit zu signalisieren und möglichst unterschiedliche Antworten zu erhalten.

Operationalisierung von ,Zugehörigkeitsgefühl'

Zugehörigkeitsgefühl bzw. sich zugehörig fühlen, schienen auf den ersten Blick alltagsübliche Begriffe. In den Pretests stellte sich jedoch heraus, dass sie zwar verstanden wurden, jedoch keine emotionale Reaktion auslösten. Daher wurde die Frage ,Fühlen Sie sich zugehörig?' abgeändert in ,Haben Sie das Gefühl, Sie gehören dazu?'. Obwohl der Unterschied geringfügig zu sein scheint, bewirkte die veränderte Formulierung, dass alle Interviewten sehr spontan reagieren konnten, während die ursprüngliche Formulierung eine gewisse Distanz zur emotionalen Erfahrung herzustellen schien.

Operationalisierung von ,Anregungen'

Anregungen der Migranten und Migrantinnen sollten zum einen indirekt aus den Erzählungen der Befragten gewonnen werden, zum anderen erschien es jedoch sinnvoll, die Migranten und Migrantinnen direkt danach zu fragen. Eine Anregung oder Ermunterung zu einem Tun lässt beim Gegenüber offen, ob er oder sie die Anregung aufnimmt und umsetzt. Es steht der Person frei, wie sie mit dem Denkanstoß umgehen möchte. Daher erschien es passend, im Interview den Begriff ,Wunsch' einzusetzen, denn auch ein Wunsch beinhaltet keine Garantie für Erfüllung. Zugleich geht es bei Anregungen darum, dass es einen Bedarf für Veränderung gibt. Diese Veränderung ist nicht essentiell, denn sonst würde sie mit mehr Nachdruck geäußert werden, aber sie wäre sinnvoll und bereichernd. Aus diesem Grund wurde eine Frage im Leitfaden entwickelt, die es den Befragten ermöglichte, von ihren Wünschen zu erzählen, die noch nicht erfüllt sind, aber deren Erfüllung ein Leben in Deutschland auf eine bestimmte Weise verbessern würde.

Operationalisierung von ,Integration'

Die Pretests zeigten, dass Integration ein alltagsüblicher Begriff geworden ist, der allen Befragten vertraut war. In den Interviewfragen selbst kam der Begriff der Integration nicht vor, daher wurde keine Umformulierung des Begriffs vorgenommen.

4.3. Die Entwicklung des Leitfadens

Die Vorbereitung des Leitfadens bietet einerseits Gelegenheit, das Interview thematisch vorzubereiten, andererseits dürfen die Fragen den Befragten oder die Befragte nicht einschränken. Der Leitfaden soll also möglichst viel Freiraum für Erzählungen bieten (Gläser, Laudel 2009: 116). Daher wurden sowohl konkrete Fragen formuliert als auch vorab Überlegungen angestellt, mit Hilfe welcher Fragen Erzählungen angeregt werden können und eine Vertiefung relevanter Themenbereiche erreicht werden kann.

Der Leitfaden für diese empirische Untersuchung besteht aus drei Teilen. Im ersten Teil wurden zunächst Hinweise zum Interview gegeben. Der zweite Teil beinhaltet den eigentlichen Interviewleitfaden mit fünf zentralen Fragen, die in jedem Interview gestellt wurden. Die Formulierung der Fragen war größtenteils gleich und die Reihenfolge der Fragen war festgelegt, da die Fragen aufeinander aufbauten. Der dritte Teil umfasste statistische Fragen zur Überprüfung der Milieuzugehörigkeit.

Zu Beginn des Interviews wurden allgemeine Anmerkungen zum Interview gegeben. Diese Anmerkungen beinhalteten alle wichtigen Hinweise, um eine offene und dennoch geschützte Interviewatmosphäre zu gewährleisten.

Der Leitfaden entstand gemäß der Operationalisierung der zentralen Begriffe ‚Identifikation' und ‚Zugehörigkeitsgefühl', wie unter Punkt 4.2 erläutert wurde. Zur Einführung in das Interview wurde das Thema kurz wiederholt: „Mich interessiert, wie verbunden Sie sich mit Deutschland fühlen und ob Sie das Gefühl haben, Sie gehören dazu."

Der Einstieg in das Interview erfolgte dann mit der Frage nach dem eigenen Verbundenheitsgefühl: **„Fühlen Sie sich verbunden mit Deutschland?".** Obwohl es sich um eine geschlossene Frage handelt, antworteten drei Befragte sehr ausführlich. Eine Befragte beschrieb beispielsweise ihren ersten Tag in Deutschland und ihre ersten Eindrücke. Zwei andere Befragte erzählten von ihrer emotionalen Befindlichkeit in Deutschland. Drei der Befragten beantworteten die Frage tatsächlich eher kurz, konnten jedoch mit der Frage nach Beispielen für ihr Gefühl der Verbundenheit schnell zurück in einen Erzählprozess geholt werden. Ein Befragter verstand die Frage nicht, worauf der Begriff spontan operationalisiert und umformuliert wurde in „Verbunden ist sozusagen, sich nahe fühlen", „sich als Teil fühlen, da gibt es eine Verbindung" und „Verbunden sein heißt, so ein bisschen etwas kennen gelernt haben, was einem nahe gekommen ist, was man mag (…)". Diese spontane Operationalisierung half ausreichend, um auch bei diesem Befragten einen Redefluss anzustoßen. Eine offene Frage „Wie verbunden fühlen Sie sich mit Deutschland" wurde nicht gewählt, weil die Formulierung aus Sicht der Verfasserin impliziert, dass ein Verbundenheitsgefühl bereits vorhanden ist, während die Frage „Fühlen Sie sich verbunden" leichter auch ein ‚Nein' als Antwort ermöglicht hätte.

Bei der zweiten Frage wurde der Gedanke aufgegriffen, dass sich identifizieren auch bedeutet, sich etwas nicht mehr wegdenken zu können, so dass die Frage folgendermaßen formuliert wurde: **„Was ist in Deutschland so wichtig für Sie geworden, dass Sie es sich nicht mehr wegdenken können?"** Bei dieser Frage antworteten vier der Befragten sehr genau mit konkreten Beispielen; zwei der Befragten verstanden die Frage auf Anhieb nicht, konnten aber nach einer kurzen Erklärung ebenfalls umfassende Antworten geben. Auffallend war bei dieser Frage, dass der Erzählfluss sich schnell nicht mehr auf die Frage bezog und die Interviewerin mehrmals nachfragen musste, um ein weiteres Antwortspektrum zu erhalten.

Die dritte Frage ist der ersten sehr ähnlich. Die Pretests zeigten, dass als Einstieg in das Interview die Frage nach der Verbundenheit ein besserer Türöffner war als beispielsweise die Frage nach der Zugehörigkeit. Im Verlauf hat sich in allen Interviews ein gemeinsames Sprachverständnis entwickelt und die Gesprächspartner hatten sich aufeinander eingestellt, so dass die Frage nach der Zugehörigkeit **„Haben Sie das Gefühl, Sie gehören dazu?“** von allen Befragten verstanden und ausführlich beantwortet wurde. Zwei der Befragten fragten jedoch nach, auf wen oder was sich das Dazugehören beziehe.

Die nächsten beiden Fragen zielten darauf ab, Anregungen für „die Deutschen“ zu bekommen. Die erste Frage wurde folgendermaßen formuliert: **„Was können die deutschen Mitmenschen im Alltag tun, damit sie sich akzeptierter fühlen/ verbundener fühlen/ zugehöriger fühlen ...?“** Hier wurde entsprechend der Begriffe, die der oder die Interviewte am meisten verwendet hatte, die Frage vollendet. Diese Frage zielte insbesonders darauf ab, was der oder die Einzelne tun kann; was also an Anregungen für den Kontakt zwischen Einzelpersonen gesehen wird. Alle konnten hier Beispiele nennen, einige gaben an, welche Bedürfnisse nicht oder nicht ausreichend beachtet wurden. Zwei der Befragten hatten Verständnisprobleme, ob sich die Frage auf Migranten und Migrantinnen oder Deutsche bezieht und fragten nach. Aufbauend auf diese Frage wurden die Interviewpartner und -partnerinnen gefragt, **„Was wünschen Sie sich von den Deutschen?“**. Im Vergleich zur oben stehenden Frage ist diese weiter gefasst und vom Einzelkontakt losgelöst. Hier rangierten die Antworten von sehr konkreten Wünschen bis hin zur Ratlosigkeit, was man sich wünschen könnte.

Zum Abschluss des Hauptteils wurden alle Interviewpartner und -partnerinnen gefragt, ob sie noch etwas sagen möchten, was bisher nicht gefragt worden ist: **„Bevor wir nun zum allgemeinen Fragenteil kommen, fällt Ihnen noch etwas ein, was**

Sie gerne sagen möchten?" Hier zeigte sich ein sehr unterschiedliches Bild in den Antworten. Während vier der Befragten keinen Bedarf hatten, berichteten zwei der Befragten von für sie sehr wesentlichen Ansichten. Eine Befragte gab ein ausführliches Bild davon, welche Bedeutung Integration für sie hat; ein anderer Befragter äußerte seine Meinung zur Kindererziehung und berichtete über Irritationen, weil seine Ansichten sich von denen der Deutschen sehr unterscheide.

Zwischen diesen Kernfragen zu den wesentlichen Themenbereichen gab es viel Raum für alle Themen, über die die Befragten sprechen wollten. Mit unterschiedlichen Fragen wurde versucht, ein genaueres Bild zu erhalten, die Menschen zum Weitererzählen anzuregen und doch den Erkenntnisprozess zu lenken. Beispiele für diese unterstützenden Fragen können dem angehängten Leitfaden entnommen werden.

Im dritten Teil des Leitfadens wurden einige Fragen nach soziodemographischen Daten gestellt, um die Zugehörigkeit zu den ausgewählten Milieus anhand wesentlicher Merkmale zu überprüfen. Welche Milieus ausgewählt wurden und einen Überblick über die Interviewpartner und -partnerinnen wird im Folgenden gegeben.

4.4. Erfahrungen aus den Pretests

Es wurden insgesamt zwei Pretests durchgeführt. Beide Interviewpartner waren der Interviewerin bekannt. Es zeigte sich, dass es für die Interviews eher hinderlich ist, miteinander vertraut zu sein, da von Seiten eines Interviewten eine größere Hemmung zu beobachten war und auf Seiten der Interviewerin eine Veränderung der Frageweise und des Tonfalls festgestellt werden konnte. Um die Gefahr, dass durch die Vertrautheit Ergebnisse verfälscht würden zu vermeiden, wurden die Interviews mit fünf vollkommen fremden Personen geführt und einer bekannten, aber nicht vertrauten Person.

Ferner konnte durch die Pretests die Wortwahl überprüft werden, dies führte zu einer Veränderung des Begriffs ‚zugehörig sein' in ‚dazugehören', wie bereits unter 4.2 erläutert. Ferner wurde getestet, wie die Befragten auf die Frage reagieren, ob sie sich mit Deutschland identifizieren. Es zeigte sich, dass die Frage nicht verstanden wurde, daher wurde sie bei den Interviews weggelassen. Bei zwei Interviews hat es sich zwar im Verlauf ergeben, nach der Identifikation zu fragen, aber trotz hoher Reflektionsfähigkeit und guten Sprachkenntnissen erwies sich die Frage jedes Mal als zu abstrakt. Das Reflektieren über die eigene Identifikation schaffte zu viel Distanz zu den subjektiven Erfahrungen und behinderte damit den Erkenntnisgewinn.

4.5. Die Auswahl der Interviewpartner und -partnerinnen

Die Auswahl der Teilnehmer und Teilnehmerinnen erfolgte nach der Sinus Sociovision Studie für Migrantenmilieus (Sinus Sociovision 2007). Die drei Milieus wurden nach drei Gesichtspunkten ausgewählt: Erstens sollten die Milieus und damit die teilnehmenden Migranten und Migrantinnen leicht erreichbar sein, um in gegebener Zeit ausreichend Interviewpartner und -partnerinnen finden zu können. So wurde beispielsweise von der Wahl des statusorientierten Milieus abgesehen, weil es keine Kontakte zu Unternehmern und Unternehmerinnen oder Selbständigen mit Migrationshintergrund gab. Zweitens sollte es sich um Milieus handeln, deren Angehörige an einer Integration in Deutschland interessiert sind. So wurde beispielsweise das religiös-verwurzelte Milieu nicht ausgewählt, da dieses Milieu in der Regel an Integration kaum Interesse hat (Sinus Sociovision 2007: 28). Und drittens sollten die Milieus möglichst unterschiedlich sein, um ein breites Spektrum an Datenmaterial zu gewinnen.

Bis auf eine Person wurden alle Migranten und Migrantinnen von Mittelspersonen angesprochen. Diese Mittelspersonen sind im sozialen Bereich tätig und wurden ausgewählt, weil sie durch ihre Tätigkeit viel Kontakt zu Menschen aus verschiedenen Kulturkreisen haben. Wichtig war, dass beide in einem Bereich tätig sind, wo es zwischen den in Frage kommenden Befragten und ihnen kein Abhängigkeitsverhältnis gab.

Die erste Mittelsperson arbeitet in einem Alten- und Servicezentrum in München-Ramersdorf. Dieser Stadtteil hat einen der höchsten Bevölkerungsanteile an Menschen mit Migrationshintergrund (Statistisches Taschenbuch 2009: 121). Im Servicezentrum werden Freizeitangebote an Senioren und Seniorinnen vermittelt. Um potentielle Interviewpartner und -partnerinnen aus dem traditionellen Gastarbeitermilieu zu finden, war das Servicezentrum besonders geeignet, da Angehörige dieses Milieus am ehesten im Rentenalter zu finden sind. Durch diese Verbindung entstanden zwei

Kontakte, die zu einem Interview bereit waren. Die zweite Mittelsperson arbeitete als Projektleitung in der Stadtteilarbeit Messestadt Riem. Auch die Messestadt Riem ist ein Stadtteil mit hohem Anteil an Menschen mit Migrationshintergrund, die aus mehr als 80 Nationen kommen (Bezirksausschuss 15: 2009). Die Projektleitung der Stadtteilarbeit Riem verwaltet den Nachbarschaftstreff Oslostraße[3] und kommt mit vielen aktiven Bewohnern und Bewohnerinnen aus dem Stadtviertel zusammen. Von dieser Mittelsperson wurden vier Kontakte hergestellt, die alle einem Interview zugestimmt haben. Eine Person wurde ohne Mittelsperson direkt im eigenen Bekanntenkreis angesprochen.

Für die erste Kontaktaufnahme der Mittelsperson mit einem oder einer potentiellen Migranten oder Migrantin wurden klare Richtlinien gegeben, um eine inhaltliche Beeinflussung möglichst zu vermeiden. Vor der Kontaktaufnahme zu den Migranten und Migrantinnen wurde mit beiden Mittelspersonen über die charakteristischen Merkmale der gesuchten Milieus gesprochen. Beide haben in diesen Gesprächen mögliche Interviewpartner und -partnerinnen erwogen und diese bei der nächsten Gelegenheit angesprochen. Für die Kontaktaufnahme wurde festgelegt, dass die Mittelspersonen das Thema ansprechen, die Interviewerin vorstellen und den Zeitraum des Interviews. Bei Interesse erlaubten die angesprochenen Personen die Weitergabe ihrer Kontaktdaten. Obwohl durch die kurzen Informationen die Beeinflussung der Migranten und Migrantinnen möglichst gering gehalten werden sollte, ist nicht auszuschließen, dass die Befragten einem Interview zustimmten, um zum Beispiel den Sozialarbeiterinnen einen Gefallen zu tun. Ob dies der Fall war und inwieweit dies dann die Interviews beeinflusst hat, kann nicht gesagt werden.

Ein anderer Einflussfaktor auf die Ergebnisse der Befragung ist, dass die ausgewählten Migranten und Migrantinnen aus der Messestadt Riem fast alle aktiv im Stadtteil

[3] Der Nachbarschaftstreff Oslostraße in der Messestadt Riem ist ein Projekt des Amts für Wohnen und Migration in München. Im Projekt „Quartierbezogene Bewohnerarbeit" wird innerhalb von drei Jahren mit Hilfe der Bewohner und Bewohnerinnen vor Ort unter Leitung einer hauptamtlichen Person ein Nachbarschaftstreff aufgebaut. Nach Ablauf der drei Jahre wird der Nachbarschaftstreff von den Bewohnern und Bewohnerinnen ehrenamtlich selbst verwaltet. In den Nachbarschaftstreffs werden je nach Bedarf, Kompetenzen und Ideenvielfalt der Menschen vor Ort Freizeit- oder Bildungsangebote zusammengestellt.

mitwirken. Da das nachbarschaftliche Engagement als Indikator für eine Identifikation mit Deutschland angesehen wird (vgl. 2.4), müsste dies auch eine höhere Bereitschaft zur Identifikation bedeuten. Von den drei ausgewählten Migranten und Migrantinnen aus der Messestadt wirken zwei aktiv im Nachbarschaftstreff mit. Dies setzt eine hohe soziale und kulturelle Integration voraus und ist damit ein unmittelbarer Einflussfaktor auf die identifikative Integration. Bei der Interpretation der Ergebnisse wird deshalb darauf geachtet werden, ob und in welchem Maße der Einflussfaktor wirksam ist.

4.5.1. Migrantenmilieus nach der Sinus Sociovision Studie

Die Milieus der Sinus Sociovision Studie „fassen Menschen zusammen, die sich in Lebensauffassung und Lebensweise ähneln“ (2007: 17). Die Menschen eines Milieus haben eine ähnliche Werteorientierung, eine vergleichbare Lebensweise und soziale Lage. Die Milieuzugehörigkeit und die ethnische Zugehörigkeit stimmen nicht überein, das heißt man kann nicht von der Herkunftskultur auf das Milieu schließen und umgekehrt (Sinus Sociovision 2007: 21).

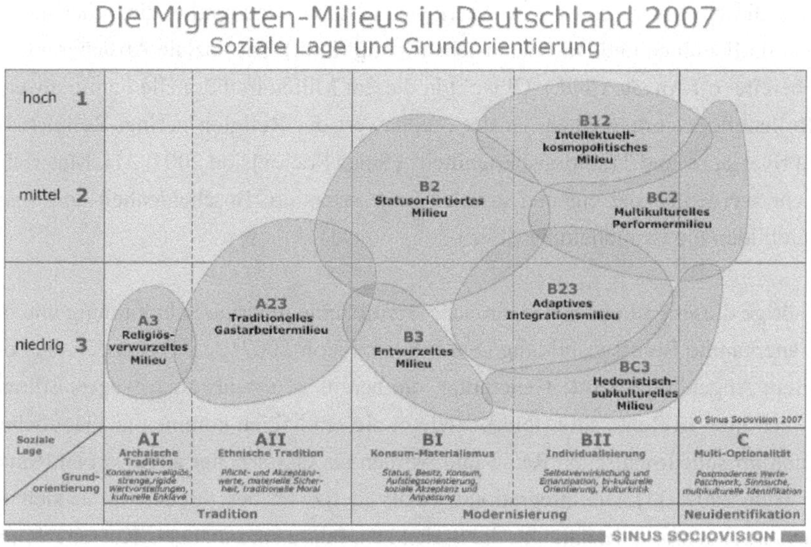

Abbildung 2: Die Migranten-Milieus in Deutschland 2007. Sinus Sociovision: Die Milieus der Menschen mit Migrationshintergrund in Deutschland. Eine qualitative Untersuchung von Sinus Sociovision. Auszug aus dem Forschungsbericht, Heidelberg, 2007

Die Zuordnung zu den Milieus erfolgt nach drei Kategorien: Grundorientierung, soziodemografisches Profil und Migrationsbiografie/Integration (ibid.). Abbildung 3 gibt einen Überblick über die Vielfalt der Migrantenmilieus und zeigt deutlich, dass die Milieus sich überlappen und somit jedes Milieu auch charakteristische Anteile von den angrenzenden Milieus haben kann. Für ein weites Spektrum an subjektiven Erfahrungen wurden drei möglichst unterschiedliche Milieus gewählt, die im Folgenden kurz vorgestellt werden.

Traditionelles Gastarbeitermilieu

Dieses Milieu hat als „übergeordnetes Lebensziel die materielle Sicherheit" (Sinus Sociovision 2007: 30). Arbeit spielt eine zentrale Rolle im Leben; zum einen definiert sich dieses Milieu über Pflichtbewusstsein, Fleiß und Disziplin, zum anderen ist es oft besonders hohen Arbeitsbelastungen ausgesetzt (ibid.). Frauen haben in diesem Milieu oft eine Dreifachbelastung durch Berufstätigkeit, Familie und Haushalt. Ferner ist in diesem Milieu die soziale Anerkennung durch die Familie, die Arbeitskollegen und -kolleginnen und Bekannten sehr wichtig (ibid.). Die soziale Absicherung im Alter bereitet oft Ängste (ibid.). Obwohl in diesem Milieu traditionelle Familienwerte und Rollenbilder vorherrschen, ist der Stellenwert der Religion gering, Religion ist eine „Privatsache und Traditionsbestandteil" (Sinus Sociovision 2007: 31). Materielle Wünsche werden an der eigenen sozialen Lage orientiert, Bescheidenheit und Sparsamkeit bilden die Grundhaltung (ibid.).

Angehörige dieses Milieus haben einfache Berufe, eine niedrige Schulbildung und oft keine anerkannte Berufsausbildung (Sinus Sociovision 2007: 32). Es handelt sich oft um ältere Angehörige der 1. Generation, die bereits – oftmals auch wegen Erkrankung verfrüht – in Rente sind (ibid.). Viele in diesem Milieu kommen aus ländlichen Gebieten im südeuropäischen Raum und wurden als Gastarbeiter angeworben (Sinus Sociovision 2007: 33). Die Integration wird als „defizitär" beschrieben, da sie sich oft auf das Arbeitsumfeld beschränkt; die Sprachkenntnisse sind mangels Kursangeboten oder Zeit eher gering geblieben (ibid.). Die Angehörigen dieses Milieus behalten in der Regel ihre Staatsangehörigkeit (ibid.). Einerseits gibt es ein Festhalten an „heimatlichen kulturellen Wurzeln und Traditionen", andererseits besteht Offenheit gegenüber anderen Nationalitäten und gegenüber der deutschen Kultur und Gesellschaft (Sinus Sociovision 2007: 34).

Adaptives Integrationsmilieu

Die Grundorientierung dieses Milieus ist geprägt von Sicherheitsstreben und dem „Wunsch nach einem angenehmen Leben in geordneten, harmonischen Verhältnissen" (Sinus Sociovision 2007: 53). Es herrscht in diesem Milieu ein großer Wille sich beruflich und privat weiter zu entwickeln, immer mit dem Ziel, sich im mittleren Feld der Gesellschaft zu etablieren (ibid.). Die Angehörigen dieses Milieus haben eine „grundsätzliche Bereitschaft, sich anzupassen und einzufügen" (ibid.). Den höchsten Stellenwert hat in diesem Milieu die Familie (Sinus Sociovision 2007: 54). Das Privatleben ist an einer harmonischen Gemeinschaft mit Familie und Freunden orientiert (ibid.). Lebensqualität bedeutet, sich Wünsche erfüllen zu können und „sich leisten können, was einem gefällt" (ibid.).

Angehörige dieses Milieus sind meist zwischen 35 und 50 Jahren und leben in der Kleinfamilie zusammen (Sinus Sociovision 2007: 55). Sie haben eine mittlere bis gehobene Schulausbildung sowie eine abgeschlossene Berufsausbildung oder auch einen in Deutschland nicht anerkannten Studienabschluss (ibid.). Die Berufszufriedenheit liegt in diesem Milieu sehr hoch (ibid.). Der häufigste Migrationsgrund ist, für sich und die Kinder bessere berufliche und wirtschaftliche Lebensbedingungen zu finden (Sinus Sociovision 2007: 56). Die Integration dieses Milieus ist geprägt von „hohe(r) Anpassungsbereitschaft (und dem) Bemühen um gute deutsche Sprachkenntnisse“ (ibid.). Sehr viele der Angehörigen dieses Milieus lassen sich einbürgern. Im Integrationsprozess setzt sich dieses Milieu mit der eigenen Herkunftskultur kritisch auseinander und entwickelt eine „bi-kulturelle Identität mit selbstbewusster Akzeptanz seines kulturellen Erbes“ (ibid.).

Intellektuell-kosmopolitisches Milieu

Dieses Milieu wird als ein „aufgeklärtes, nach Selbstverwirklichung strebendes Bildungsmilieu mit einer weltoffen-toleranten Grundhaltung und vielfältigen intellektuellen Interessen“ bezeichnet (Sinus Sociovision 2007: 46). Arbeit spielt eine wesentliche Rolle für die Selbstverwirklichung und soziale Anerkennung, dabei soll sie sinnvoll, selbst bestimmt und erfüllend sein (Sinus Sociovision 2007: 47). Angehörige dieses Milieus identifizieren sich mit ihrer Arbeit. Auch zeigen sie ein großes Maß an gesellschaftlichem Engagement und setzen sich für soziale Gerechtigkeit ein (ibid.). Die Grundhaltung ist geprägt von Toleranz und Offenheit gegenüber fremden Kulturen (Sinus Sociovision 2007: 48). Jedoch gibt es auch zuweilen eine „elitäre“ Abgrenzung gegenüber weniger kultivierten ethnischen Gruppen (ibid.).

Angehörige dieses Milieus sind ca. zwischen 30 und 50 Jahre alt und leben häufig allein (Sinus Sociovision 2007: 49). Sie haben eine hohe Bildung und zumeist einen Universitätsabschluss, der entweder in Deutschland oder im Herkunftsland erworben wurde (ibid.). In der Regel üben die Angehörigen dieses Milieus einen akademischen Beruf aus, der nicht immer gut bezahlt ist (ibid.). Die meisten Migranten und Migrantinnen dieses Milieus gehören der ersten Generation an und kommen aus urbanen Gebieten Süd- und Osteuropas (Sinus Sociovision 2007: 50). Sie migrieren oft im frühen Erwachsenenalter nach Deutschland (ibid.). Die Migrationsgründe sind vielfältig und reichen von beruflichen Gründen über kulturelles Interesse bis hin zur Verbesserung des Lebensstandards (ibid.). Die Integration verläuft meist problemlos und der Umgang mit dem eigenen kulturellen Hintergrund ist selbstbewusst (ibid.). Sehr gute Deutschkenntnisse und Mehrsprachigkeit haben einen hohen Stellenwert in diesem Milieu (ibid.).

4.5.2. Überblick über die Interviewpartner und -partnerinnen

An der Befragung haben insgesamt sieben Personen teilgenommen. Ziel war es ursprünglich, aus jedem der genannten Milieus zwei Personen für die Befragung zu gewinnen. Dies gelang nicht, da das adaptive Integrationsmilieu stärker vertreten war als die anderen Milieus. Von den sieben Befragten kamen vier Befragte aus dem adaptiven Integrationsmilieu. Das letzte Interview aus diesem Milieu wurde aufgrund der starken Vertretung dieses Milieus nicht mehr ausgewertet. Die Interviewpartner und -partnerinnen setzen sich zusammen aus einer Angehörigen aus dem traditionellen Gastarbeitermilieu, drei Angehörigen aus dem adaptiven Integrationsmilieu und zwei Angehörigen aus dem intellektuell-kosmopolitischen Milieu.

Wie die unten stehende Tabelle zeigt, gab es einen höheren Anteil an weiblichen Interviewpartnerinnen. Das Alter der Befragten liegt mehrheitlich zwischen 35 und 50 Jahren; zwei der Befragten sind über 50 Jahre alt, eine davon wesentlich älter mit 78 Jahren. Es gelang, eine ausgewogene Mischung aus verschiedenen Kulturen zu erreichen: die Befragten kamen ursprünglich aus Südeuropa, Südosteuropa, Asien und Nordafrika. Mehrheitlich leben die Befragten in einer Kleinfamilie mit bis zu drei Kindern. In zwei Fällen sind die Kinder erwachsen und leben nicht mehr zu Hause. Eine Person lebt alleine. Die Schulabschlüsse lagen entsprechend den Milieus für das traditionelle Gastarbeitermilieu niedrig, für das adaptive Integrationsmilieu sowohl auf niedrigem als auch auf gehobenem Niveau und für das intellektuell-kosmopolitische Milieu auf hohem Niveau. Zwei Angehörige aus dem intellektuell-kosmopolitischen Milieu haben im Ausland studiert, davon eine Person sowohl im Ausland als auch in Deutschland. Aus dem adaptiven Integrationsmilieu gab es eine Person, deren ausländischer Studienabschluss in Deutschland nicht anerkannt wurde und nun in einem anderen Beruf tätig ist. Eine Person aus diesem Milieu hat eine

Ausbildung im Herkunftsland abgeschlossen und arbeitet hier in einem ähnlichen Berufsfeld und eine Person hat in Deutschland eine Ausbildung absolviert. Die Person aus dem traditionellen Gastarbeitermilieu hat eine Ausbildung im Heimatland abgeschlossen und wurde in Deutschland in einer vollständig anderen Tätigkeit angelernt.

Soziodemografische Merkmale der Befragten

Merkmal	Anzahl von Personen insgesamt 6
Geschlecht	
- männlich	2
- weiblich	4
Alter	
- 35 - 50 Jahre	4
- über 50 Jahre	2
Ursprüngliche Nationalität	
- Türkei	1
- Kroatien	1
- Moldawien	1
- Bulgarien	1
- Sri Lanka	1
- Ägypten	1
- davon eingebürgert	3
Familienstand	
- verheiratet, in Lebensgemeinschaft lebend	4
- verwitwet	1
- ledig	1
Anzahl der Kinder	
- keine	1
- 1-2 Kinder	4
- 3 Kinder	1

Merkmal	Anzahl von Personen insgesamt 6
Schulabschluss	
- Abitur oder vergleichbarer Abschluss	4
- deutsche Hauptschule	1
- Volksschule im Ausland	1
Berufsabschluss	
- Studium (Auslandsabschluss)	2
- Studium (deutscher Abschluss und Auslandsabschluss)	1
- Berufsausbildung in Deutschland	1
- Berufsausbildung im Herkunftsland	2
- davon insgesamt Umschulungen in Deutschland	2

Tabelle 2: Soziodemografische Merkmale der Befragten

Um das Milieu zuordnen zu können, wurden zusätzlich zu den soziodemografischen Merkmalen noch Berufswahl und -wunsch, Grund für die Auswanderung, Anzahl der gesprochenen Sprachen und interkulturelle Freundschaften abgefragt. Ferner wurde die Frage „Was ist das Wichtigste in ihrem Leben“ gestellt, um Aufschluss über die Wertegrundhaltung zu bekommen.

Im Folgenden wird ein Überblick gegeben, welche milieuspezifischen Merkmale auf die Befragten zutrafen und warum sie somit eindeutig dem jeweiligen Milieu zugeordnet werden konnten.

Charakteristische Merkmale, die die Person aus dem traditionellem Gastarbeitermilieu aufwies, waren:

- hoher Stellenwert von Arbeit und Wichtigkeit von finanzieller Sicherheit
- hohe Arbeitsbelastung über lange Strecken des Lebens
- angelernte Tätigkeit in der Industrie
- niedriges Bildungsniveau

- Wichtigstes im Leben: Familie und Gesundheit
- keine Einbürgerung
- geringe religiöse Bindung

Charakteristische Merkmale, die die Personen aus dem adaptiven Integrationsmilieu aufwiesen:

- harmonisches Familienleben und Zufriedenheit als zentrale Werte im Leben
- hoher Stellenwert der Kinder in der Familie, Kinder sollen es später besser haben
- mittleres und gehobenes Bildungsniveau (eine Person mit niedrigem Bildungsniveau)
- gemischt kultureller Freundeskreis
- Wichtigstes im Leben: Familie und Kinder
- alle Personen aus diesem Milieu sind eingebürgert
- freie Berufswahl in der Heimat, jedoch andere Tätigkeit in Deutschland

Charakteristische Merkmale, die die Personen aus dem intellektuell-kosmopolitischen Milieu aufwiesen:

- Arbeit ist identitätsstiftend
- aktives gesellschaftliches Engagement einer der beiden Personen
- Mehrsprachigkeit hat hohen Stellenwert
- verstehen sich als Weltbürger/Weltbürgerin, Europäer/Europäerin
- hohes Bildungsniveau
- freie Berufswahl in der Heimat, Tätigkeit in Deutschland entsprechend
- multikulturelle Orientierung
- Wichtigstes im Leben: Familie, Gesundheit, Liebe

Nachdem nun das Auswahlverfahren der Interviewpartner und –partnerinnen entsprechend der Milieuzugehörigkeit und die wichtigsten soziodemografischen wie milieuspezifischen Merkmale der Befragten vorgestellt wurden, soll nun die Durchführung des Interviews erläutert werden.

4.6. Die Durchführung des Interviews

Die nach dem erläuterten Auswahlverfahren angesprochenen Interviewpartner und -partnerinnen wurden mit Hilfe des leitfadengestützten Interviews befragt. Im Folgenden soll nun die erste Kontaktaufnahme, der Verlauf des Interviews und die Besonderheiten der Interviewpartner und -partnerinnen dargelegt werden.

Kontaktaufnahme

Nachdem sich die angesprochenen Migranten und Migrantinnen für ein Interview bereit erklärt haben, gaben sie ihre Kontaktdaten an die Mittelsperson. Die Kontaktaufnahme erfolgte dann durch die Interviewerin bei allen telefonisch binnen einer Woche. In diesem Gespräch wurde kurz angesprochen, dass es um Integration und das Zugehörigkeitsgefühl zu Deutschland geht und es wurden nochmals Informationen zur Dauer des Interviews gegeben.

Intervieworte

Den Ort durften die Teilnehmer und Teilnehmerinnen bestimmen, um ihnen die Möglichkeit zu geben, eine für sie angenehme Atmosphäre auszuwählen. Drei von sieben Teilnehmern und Teilnehmerinnen entschieden sich für ihr Zuhause. Vier Interviewpartner und -partnerinnen bevorzugten einen neutralen Ort, hierfür wurden Räume in zwei Nachbarschaftstreffs genutzt. Während der Nachbarschaftstreff Oslostraße für die Interviewerin nur ein bekannter Ort war, war er für drei der Befragten ein vertrauter Ort in ihrer unmittelbaren Nachbarschaft. Der Raum war von den Gruppenräumen abgetrennt und es war möglich, in relativ ruhiger Atmosphäre die Interviews zu führen. Ein weiteres Interview wurde im Mehrgenerationenhaus am Hart geführt. Dieser Ort war beiden Beteiligten fremd, jedoch für die befragte Person aufgrund der guten Erreichbarkeit angenehm. Auch hier gab es einen eigenen Raum und eine ruhige Atmosphäre. Drei Interviews fanden in den Wohnungen der befragten Personen statt. Bei einer befragten Person war ein Kind in der Wohnung anwesend, das Interview konnte jedoch ohne Störungen durchgeführt werden. Eine befragte Person lebte allein und eine Person lebte mit einem Partner, der im Nebenzimmer anwesend war. Dieses Interview wurde für eine „Teepause“ zu dritt unterbrochen.

Es wurde für die Interviewerin schnell deutlich, dass die Nachbarschaftstreffs durch ihre Neutralität zu weniger Vorannahmen Anlass gaben, als die Wohnungen der Teilnehmer und Teilnehmerinnen. Der Empfang, die Bewirtung und die Einrichtung der Wohnungen machten der Interviewerin klar, dass sie vorher bestimmte Erwartungen gehabt hatte, die dann mehr oder weniger erfüllt wurden. So gab es beispielsweise bei der türkischen Befragten keinen türkischen Tee – wie angenommen – sondern deutschen Tee; erst die Überraschung darüber machte klar, dass es kulturelle Erwartungen und Stereotype gab, die die Interviewerin mit in das Interview brachte. Ebenso hatte auch die Einrichtung eine Wirkung; eine moderne Einrichtung brachte eine schnellere Vertrautheit mit der befragten Person mit sich, während eine bürgerliche, verspielte Einrichtung eher Befremdung auslöste und die Distanz zum Interviewpartner oder -partnerin zu Beginn etwas größer war.

Verlauf des Interviews

Die Interviews dauerten in der Regel mindestens eine Stunde und bei drei Interviewten über 90 Minuten. Für sechs der sieben Befragten war die Interviewerin vollkommen fremd, daher stellte sie sich vor Beginn des Interviews kurz vor. Die Informationen zur eigenen Person dienten dazu, dem Gegenüber das Gefühl zu vermitteln, auf Augenhöhe mit der Interviewerin zu sein und eine vertrautere Atmosphäre zu schaffen. Die Informationen wurden ohne vorherige Überlegung gegeben. Die Reflektion ergab jedoch, dass die Informationen je nach empathischer Einschätzung des Gegenübers variiert wurden. Die Einschätzung, welche Informationen für das Gegenüber wesentlich sein könnten, wurde durch das Alter der Person, den Bildungsstand, das Sprachverständnis, den familiären Hintergrund und natürlich auch die Kultur beeinflusst. Während bei Personen aus dem intellektuell-kosmopolitischen Milieu mehr Informationen zum eigenen Bildungshintergrund und Studium gegeben wurden, wurde der Person aus dem traditionellen Gastarbeitermilieu mehr vom eigenen familiären Hintergrund erzählt.

Durch die vielen Beispiele, die von den Befragten gegeben wurden, war eine Entfernung von den Fragen des Leitfadens zeitweise unvermeidbar. Oftmals führten aber gerade die Umwege wiederum zu Beispielen, die sehr viel Informationsgehalt für die Forschungsfrage hatten. Auch wenn das Interview mit einer Frage des Leitfadens eröffnet wurde, schien es zu Beginn des Interviews für viele Interviewte wichtiger, Raum für Erzählungen über ihre Migration und die allgemeinen Familienverhältnisse zu haben. Es schien wichtig, hier nicht sofort auf den Leitfaden zurückzukommen, sondern mit den Erzählungen „mitzugehen". In allen Interviews konnten die Fragen des Leitfadens eingebracht werden, trotzdem war genügend Raum für die Erzählungen, Beispiele und Ansichten der Befragten.

Besonderheiten der Interviewpartner und -partnerinnen

Eine Besonderheit war sicherlich die sehr unterschiedlichen Sprachkenntnisse der Interviewten. Bei einem Interviewten musste während des Interviews nachgefragt werden, da aufgrund des Akzents nicht alles verstanden wurde. Trotz unterschiedlicher Sprachniveaus verstanden die meisten Interviewpartner und -partnerinnen die Fragen sehr gut und erzählten auch viel. Die Sprache schien zu keinem Zeitpunkt ein „Hemmnis" zu sein, eigene Ansichten, Gedanken oder Gefühle darzustellen.

5. Die Auswertung des Interviewmaterials

Bei der Auswertung des Datenmaterials wurde die Methode der qualitativen Inhaltsanalyse nach Philipp Mayring (2008). angewendet. Einige Grundregeln sind nach Mayring, dass die qualitative Inhaltsanalyse, deren Untersuchungsgegenstand immer Kommunikation ist, nach systematischen Regeln erfolgen muss, so dass für Außenstehende die Analyse des Datenmaterials nachvollziehbar und überprüfbar ist (2008: 12). Ebenso ist es eine Voraussetzung, dass die Analyse des Materials von „theoretischen Überlegungen“ geleitet ist (ibid.). Hierfür muss das Material in fixierter Form vorliegen (Mayring 2008: 13). Ferner ist die qualitative Inhaltsanalyse eine schlussfolgernde Methode, die „Rückschlüsse auf bestimmte Aspekte der Kommunikation ziehen“ will; sie will also Aussagen nicht nur über den Inhalt an sich treffen, sondern vom Inhalt auch auf Absichten des Senders oder Wirkungen auf den Empfänger schlussfolgern (Mayring 2008: 12). Die Aufgaben der qualitativen Inhaltsanalyse sind in den Sozialwissenschaften vielfältig. So können mit Hilfe der qualitativen Inhaltsanalyse Hypothesen und Theorien gebildet, Pilot- oder Einzelfallstudien analysiert, Prozessanalysen erfolgen oder Klassifizierungen vorgenommen werden (Mayring 2008: 20-21). Für diese Untersuchung dient die qualitative Inhaltsanalyse als Methode zur Überprüfung von Theorien und Hypothesen.

Grundsätze

Einige von Mayring formulierte Grundsätze sind für diese Untersuchung von Bedeutung und werden hier wiedergegeben. Mayring hält fest, dass das Datenmaterial – die Interviews – auf „seine Entstehungsbedingungen hin untersucht werden“ muss (Mayring 2008: 29). Die qualitative Inhaltsanalyse soll sich bei der Analyse des Datenmaterials an der Situation, am sozialen Hintergrund der befragten Person und an der Perspektive dieser Person bei der Interpretation des Materials orientieren, das heißt am Alltag (Mayring 2008: 29, 34). Wichtig ist auch, dass keine Interpretation abgeschlossen ist, sondern immer Raum für eine Re-Interpretation lässt und somit für neuen Erkenntnisgewinn (ibid.). Wichtige Grundsätze gelten auch für die Textverarbeitung, die bei der Zusammenfassung der Interviews angewandt wurden (Mayring 2008: 38). Der Text muss für die Analyse reduziert werden und hierfür gibt es „Zusammenfassungsstrategien“ (ibid.). So können für die Interpretation nicht relevante Sätze ausgelassen werden; Sätze oder Argumente können mit einem abstrakteren

Überbegriff generalisiert werden; typische und umfassende Sachverhalte dürfen durch einen neu konstruierten Satz, der den Sachverhalt als Ganzes wiedergibt, ersetzt werden; ebenso dürfen umfassende Sachverhalte unter einen bereits genannten Begriff, der alle Sachverhalte in sich vereint, integriert werden; und schließlich dürfen inhaltlich gleiche und ähnliche Sätze, die über den Text verteilt sind, gebündelt werden (Mayring 2008: 39-40).

5.1. Bestimmung des Ausgangsmaterials

Laut Mayring muss vor der Auswertung „die Grundgesamtheit, über die Aussagen gemacht werden soll, genau definiert werden“ (2008: 47). Unter den Punkten 4.5 und 4.5.2 wurde bereits erläutert, unter welchen Gesichtspunkten die Auswahl der Interviewpartner und -partnerinnen stattfand. Ein Interview wurde nicht ausgewertet, da das Milieu bereits überproportional vertreten war. Die Interviews wurden im Zeitraum von Januar bis Februar 2010 geführt. Die Grundgesamtheit für die Auswertung sind sechs Interviews, die als Tonmaterial vorlagen und mit dem Computer transkribiert wurden. Ferner muss die Befragungsform, Entstehungssituation, das heißt unter welchen Bedingungen das Material erhoben wurde, und der „soziokulturelle Hintergrund“ dargelegt werden (Mayring 2008: 47). Die Befragungsform war ein leitfadengestütztes Interview, das unter Punkt 4.1 beschrieben wurde. Die Entstehungssituation wurde unter Punkt 4.5 erläutert. Der „soziokulturelle Hintergrund“ der Teilnehmer und Teilnehmerinnen wurde unter Punkt 4.5.2 ausführlich geschildert (ibid.).

5.2. Transkriptionsregeln und Anonymisierung

Für die Transkription müssen genaue Regeln erstellt werden, um eine formale Einheitlichkeit des Materials zu gewährleisten (Mayring 2008: 49; Gläser und Laudel 2009: 193-194). Folgende Regeln wurden für die Transkription der Interviews aufgestellt: Die Interviews wurden vollständig und wortwörtlich transkribiert. Wortwiederholungen oder unvollständige Sätze wurden genauso wiedergegeben. ‚Ähs’ oder Ähnliches wurden weggelassen, weil es für die Untersuchung keine Bedeutung hatte, wie etwas gesagt wurde. Um die Art und Weise, wie etwas gesagt wurde, zu analysieren, hätte unbedingt die Tatsache, dass die Teilnehmer und Teilnehmerinnen keine „Muttersprachler“ waren, miteinbezogen werden müssen. Für das Untersuchungsziel war es jedoch nicht nötig darauf einzugehen, wie bestimmte Äußerungen gemacht wurden. Dialektfärbungen wurden „eingedeutscht". Nonverbale Äußerungen wurden nur dann transkribiert, wenn es z. B. sehr lange Schweigepausen gab. Verzögerungen durch Nachdenken oder Wortsuche wurden mit drei Punkten ausgedrückt. Unterbrechungen wurden als solche gekennzeichnet. Da es aufgrund des unterschiedlichen Sprachniveaus auch Wörter und Satzteile gab, die beim Abhören nicht mehr verständlich waren, wurde dies im Textfluss vermerkt mit ‚(unverständlich)'. Ferner wurde Körpersprache, wo sie sich auf das Gesprochene bezieht, z. B. Deuten auf etwas, in eckigen Klammern ergänzt.

Die Anonymisierung wurde entsprechend den Milieus, aus denen die Interviewpartner und -partnerinnen kamen, vorgenommen. Das traditionelle Gastarbeitermilieu wurde mit TGM, das adaptive Integrationsmilieu mit AIM und das intellektuell-kosmopolitische Milieu mit IKM abgekürzt. Ferner wurde die Reihenfolge der Interviews in den Milieus mit Ziffern hinter der Abkürzung vermerkt: Das erste Interview mit einer Person aus dem adaptiven Integrationsmilieu ist demnach AIM 1

5.3. Die Fragestellung der Analyse

Mayring stellt fest, dass es vor der Analyse wichtig ist, die Richtung der Auswertung festzulegen (2008: 50). Bei dieser Untersuchung geht es darum, mittels der Daten, die aus den Interviews gewonnen wurden, mehr über die emotionalen Beweggründe der Interviewten zu erfahren (Mayring 2008: 52). Ein weiterer wichtiger Aspekt der Analyse ist die „Theoriegeleitetheit der Interpretation" (ibid.). Darunter versteht man, dass die Analyse einer „präzisen theoretisch begründeten inhaltlichen Fragestellung folgt" (ibid.). Der theoretische Rahmen der Untersuchung wurde unter Punkt 2 ausführlich dargelegt. Die Fragestellung der Analyse des Datenmaterials entspricht der Forschungsfrage und den Hypothesen, die unter Punkt 3 vorgestellt wurden.

5.4. Zusammenfassung als qualitative Technik

Mayring differenziert zwischen drei „Grundformen des Interpretierens" für die Analyse von unbekanntem, sprachlichem Datenmaterial (2008: 58). Die erste Grundform ist die Zusammenfassung; sie hat das Ziel, das Ausgangsmaterial so zu reduzieren und zu abstrahieren, dass die wesentlichen Inhalte erhalten bleiben. Die zweite Form ist die Explikation und dient dazu, „fragliche Textstellen" mit Hilfe zusätzlicher Informationen zu erklären. Es gab in den Interviews keine unverständlichen Begriffe oder Textstellen, die nicht im Interview sofort geklärt worden sind, daher kann in dieser Untersuchung auf die Technik der Explikation verzichtet werden. Die dritte Grundform des Interpretierens ist die Strukturierung. In diesem Schritt wird nach vorher bestimmten Kriterien das Material gesichtet und wichtige Stellen herausgefiltert (ibid.). Es werden vor Sichtung des Materials Kategorien gebildet, die aus der Fragestellung und den Theorien abgeleitet wurden (Mayring 2008: 83). Diese Technik des Interpretierens wurde hier nicht angewandt. Für diese Untersuchung wurde die qualitative Technik der Zusammenfassung angewendet. Mit Hilfe von Zusammenfassungsstrategien, die unter Punkt 5 erläutert wurden, wurde das Material reduziert und die Kategorien induktiv aus dem Material abgeleitet. Die einzelnen Schritte der Zusammenfassung werden im Folgenden näher beschrieben.

Der Inhalt jedes Interviews wurde Schritt für Schritt *paraphrasiert*, das heißt die Aussagen der Interviewpartner und -partnerinnen wurden sinngemäß, aber in gekürzter Form aufgeschrieben. Aussagen, die keinen Inhalt bezüglich der Forschungsfrage hatten, wurden gestrichen. Im nächsten Schritt wird das *„Abstraktionsniveau" bestimmt* (Mayring 2008: 61). Die Paraphrasierungen wurden nochmals durchgesehen und einem Abstraktionsniveau angeglichen (ibid.). Die Paraphrase „Ohne Sprache kann man die anderen nicht kennen lernen" wird abstrahiert zu „Sprache ermöglicht Kontakt" und alle sinngleichen Äußerungen, wie zum Beispiel „Ohne Sprache in Kontakt treten, kostet Überwindung" werden *generalisiert*. Durch diesen Schritt entstehen inhaltsgleiche Paraphrasen, die dann gestrichen werden können (ibid.). Ebenfalls können Paraphrasen ohne Aussage weggelassen werden (ibid.). Auf diese Weise wird das Material durch Generalisierung *reduziert* (ibid.). Paraphrasen von verschiedenen Textstellen, die sich aufeinander beziehen, können *gebündelt* werden (ibid.). Manche Paraphrasen beinhalten Sachverhalte, die Teil eines umfassenderen Sachverhalts sind, diese können durch *Konstruktion* zusammengefasst werden (Mayring 2008: 40). Nach der Reduktion des Materials muss geprüft werden, ob das Ausgangsmaterial noch wiedergegeben wird (Mayring 2008: 61). Mayring schlägt vor, dass bei größeren Datenmengen die Paraphrasierung und Reduktion in einem Schritt erfolgt (2008: 61). In dieser Untersuchung wurden Paraphrasierung und Reduktion in getrennten Schritten vollzogen, um einen klaren Zusammenhang zum Ausgangsmaterial herstellen zu können. Der Vorgang der Zusammenfassung kann mehrfach wiederholt werden, bis das gewünschte Abstraktionsniveau erreicht ist (ibid.). In dieser Untersuchung wurden nicht vorher Kategorien festgelegt und das Datenmaterial entsprechend strukturiert, sondern die Kategorien wurden induktiv aus dem Material abgeleitet, sie ergaben sich sozusagen aus den reduzierten Paraphrasen. Es wurden die Kategorie „Persönliche Ausstattung“ mit den Unterkategorien „Vorerfahrungen“, „Eigene Werte“ und „Persönliche Einstellungen“, die Kategorie „Handlungsstrategien“, die Kategorie „Erfahrungen im Kontakt“ mit den Unterkategorien „Regeln“, „Spracherwerb“ und „Kindererziehung“, die Kategorie „Verbundenheitsgefühl und Zugehörigkeit“ mit den Unterkategorien „Persönliche Definitionen“, „Entstehung“ und „Grenzen“ sowie die Kategorie „Identifikation“ mit den Unterkategorien „Wertschätzung“, „Übernahme“ und „Identifikation“ gebildet. Eine Kategorie, die sich direkt aus der Fragestellung im Interview ergeben hat, war „Wünsche an die Deutschen“. Im nächsten Abschnitt werden nun die Ergebnisse anhand der Kategorien vorgestellt.

6. Die Präsentation der Ergebnisse

Im Folgenden werden nun die Ergebnisse der Auswertung der Interviews vorgestellt. Während der Auswertung kristallisierten sich Themenschwerpunkte heraus, zu denen sich alle oder die meisten Befragten äußerten. So haben alle Befragten direkt über ihre persönliche Einstellung gesprochen und damit indirekt ihre Wertehaltung preisgegeben. Ferner waren für viele der Interviewten die Vorerfahrungen im Herkunftsland entscheidend für die Wahrnehmung des Aufnahmelandes. Dieser Themenbereich wurde zusammengefasst zum Überbegriff „Persönliche Ausstattung". Ferner erzählten wiederum fast alle Interviewten davon, nach welchen – ähnlichen wie unterschiedlichen – Richtlinien sie ihr Handeln in der Migration ausrichten und dieser Themenbereich wurde „Persönliche Handlungsstrategien in der Migration" genannt. Weiterhin zeigte sich, dass für die Entwicklung eines Verbundenheitsgefühls und einer Zugehörigkeit der Kontakt zu den Deutschen für alle Befragten ausschlaggebend ist. Die Erfahrungen mit Kontakt wurden zum einen in Voraussetzungen für den Kontakt ausgedrückt und zum anderen von den Befragten an zwei zentralen Prozessen festgemacht: Spracherwerb und Kindererziehung. Daher werden unter dem Gliederungspunkt „Erfahrungen im Kontakt mit den Deutschen" die Themenbereiche Voraussetzungen für den Kontakt und besondere Kontaktsituationen am Beispiel von Spracherwerb und Kindererziehung behandelt. Schließlich gab es eine Fülle an Informationen zum Thema der Verbundenheit mit Deutschland und dem Zugehörigkeitsgefühl zu Deutschland. Diese beiden Begriffe werden als Merkmale von Identifikation gleichbedeutend behandelt. Es zeigte sich, dass die Interviewten sowohl eine Vorstellung haben, was Zugehörigkeit für sie genau bedeutet bzw. wie sich Zugehörigkeit anfühlt als auch eine klare Auffassung davon, wie Zugehörigkeit entsteht und dass die Zugehörigkeit individuelle Grenzen für sie hat. Daher wird unter dem Punkt Verbundenheitsgefühl und Zugehörigkeit die Definition, Entstehung und die Grenzen der Zugehörigkeit aus Sicht der Befragten dargelegt. Abschließend wurden die Interviews im Hinblick auf eine klare Identifikation mit deutschen Aspekten aus unterschiedlichsten Lebensbereichen ausgewertet. Es wurde deutlich, dass es Abstufungen gibt, in welchem Ausmaß eine Identifikation erfolgt und daher wurde der Gliederungspunkt „Identifikation mit Deutschland" unterteilt in „Wertschätzung von Werten und praktischen Dingen" und „Übernahme von Verhaltensweisen" sowie „Identifikation mit Personen und Gruppen". Zuletzt werden die genannten Wünsche an die „Deutschen“ vorgestellt.

6.1. Die persönliche Ausstattung

Während der Auswertung der Interviews wurde deutlich, dass die Persönlichkeit des Menschen, der migriert, eine zentrale Rolle für die Integration und Identifikation spielt. Alle Interviewten erzählten, obwohl es keine Frage nach der eigenen Person gab, von ihren persönlichen Einstellungen und direkt wie indirekt von ihrer Wertehaltung. Die Frage nach der Zugehörigkeit zu etwas oder jemanden, macht es notwendig, sich selbst zu definieren und damit zu positionieren. Die Definition dessen, was jemanden als Person ausmacht, ist die Voraussetzung für die Auseinandersetzung mit dem Gegenüber. Layes formuliert dies so, dass das Selbstbild eines Menschen nicht nur Vorstellungen von der Zugehörigkeit zu unterschiedlichen Gruppen beinhaltet, sondern auch „Vorstellungen zur eigenen Person, wie zum Beispiel die eigenen Wünsche, Werte, Ziele, Motive, Fähigkeiten, Einstellungen“ (2005: 118). Das Selbstbild eines Menschen wird jedoch auch beeinflusst durch die Erfahrungen, die eine Person bereits gemacht hat. Die Vorerfahrungen prägen die Wahrnehmung des Menschen und wie er bzw. sie Erlebnisse verarbeitet und sich selbst einschätzt. In dieser Untersuchung wurden deshalb die persönlichen Einstellungen und Werte mit den Vorerfahrungen zusammengefasst und unter dem Begriff „Persönliche Ausstattung“ subsumiert.

6.1.1. Erfahrungen vor der Migration

Vier von den sechs Interviewpartnern und -partnerinnen erzählten von Erfahrungen im Herkunftsland und stellten einen direkten Zusammenhang zu Erlebnissen in Deutschland her. So gab eine Befragte aus dem intellektuell-kosmopolitischen Milieu an, dass ihr die persönliche Erfahrung, in ihrer Kindheit und im Jugendalter mit ihren Eltern viel umgezogen zu sein, geholfen hat, sich in Deutschland schneller zurechtzufinden, denn sie hatte schon eine genaue Vorstellung von der „Routine oder Ablauf von diese Integration“ (IKM 1, 15-17). Ferner ist die Tatsache aus einem sozialistisch regierten Land zu kommen, eine Vorerfahrung, die den Integrationsprozess beeinflusst, jedoch werden die Auswirkungen von den Befragten unterschiedlich gesehen.

Einerseits sieht eine der Interviewten darin eine Form der Einschränkung, von der sie in Deutschland befreit wurde. So beschreibt eine 78-jährige Befragte aus Ex-Jugoslawien beispielsweise, wie sehr sie es gestört hat, dass die Wahlen in ihrem Herkunftsland unter Zwang stattfanden, denn sie hält das Wählen für eine wichtige Pflicht, die sie vor ihrer Einbürgerung in Deutschland sehr vermisst hat und bis heute mit Überzeugung erfüllt (AIM 3, 13, 639- 651). Gerade bei dieser Befragten zeigt sich, dass die Wertschätzung Deutschlands und bestimmter politischer Rechte wie zum Beispiel der Religionsfreiheit und dem Wahlrecht besonders hoch liegt, wenn es zuvor eine Einschränkung dieser Rechte gab (AIM 3, 33: 1662-1668; 13: 650; 14: 673-677).

Andererseits bemerkte eine andere Befragte, dass ihre Wertehaltung durch die sozialistische Erziehung geprägt worden war und fand es schwer, mit ihrer Einstellung deutsche Verhaltensweisen nachzuvollziehen:

> „Und ich sehe, wie ich hier so kollektivistisch aufgewachsen bin und sehr oft habe ich Probleme damit, dass ich nicht nur an mich persönlich denke, sondern an alle mit denen ich etwas zu tun habe (...) ich versuche das Notwendige zu machen, damit es allen besser geht“ (IKM 2, 2: 37-40).

Das Unverständnis über deutsche Verhaltensweisen bedeutet für diese Migrantin ein großes Hindernis, Freunde zu finden (IKM 2, 6: 190). Als eine Konsequenz kann es angesehen werden, dass sich diese Befragte am meisten dem Ort und der Landschaft in Deutschland verbunden fühlt, weil die persönlichen Kontakte eine gewisse Frustration mit sich bringen (IKM 2, 1: 15-24).

Eine andere Form der Einschränkung vor ihrer Migration erlebte eine Türkin, die mit 22 Jahren nach Deutschland kam. Ihre Migration von der Türkei nach Deutschland war eine Wahlmöglichkeit, sich von einer Einschränkung, die sie zu diesem Zeitpunkt nicht bereit war, einzugehen, zu befreien. Sie wurde von ihrem Vater vor die Wahl gestellt, in der Türkei zu heiraten oder nach Deutschland zu migrieren (TGM 1, 2: 87-89). Diese Vorerfahrung hat die Befragte positiv für sich einsetzen können, denn sie hatte sich bewusst für Deutschland entschieden und diese Entscheidung bewirkte, dass sie einen starken Willen entwickelte, in Deutschland zu bleiben und auch in schwierigen Situationen ihre Entscheidung nie mehr in Frage stellte (TGM 1, 3: 145; 3: 152; 4: 197-198).

Am aufschlussreichsten für den Einfluss der Vorerfahrungen auf die Integration in Deutschland war das Interview mit einem Tamilen, der in seinem Herkunftsland Bürgerkrieg und Verfolgung erlebt hatte. Er beschreibt sehr eindringlich, wie er in seinem Heimatland von der Polizei als 13-jähriger Junge grundlos geschlagen wurde und drei Zähne verlor, weil er einer Minderheit aus dem Norden des Landes angehört (AIM 1, 8-9). In Deutschland hatte er ein Schlüsselerlebnis, als er das erste Mal bei einer Ausweiskontrolle auf die Polizei traf:

> „Wenn ich in Deutschland, hier auch gekommen, wenn ich die Polizei hier sehe, ich habe auch selber Angst gehabt, die Polizei hier manchmal macht auch Passkontrolle, ja, die wollen sehen, Ausweiskontrolle, dann habe ich Polizei mein Ausweis gegeben, dann zittere ich, weil ich so Angst habe, die Polizei fragt, warum haben sie Angst? Dann sage ich, ich fühle mich wie in meiner Heimat, dann die Polizei sagt, brauchen sie sich nichts zu denken, in Deutschland, in Deutschland ist ganz anderes, dann er macht meine Schulter klopfen, (unverständlich) keine Angst, da habe ich gemerkt, es ist ganz anders.
>
> (...) dann habe ich gemerkt, es ist ganz anders, langsam, langsam konnte ich (unverständlich), meine Angst ist langsam weggegangen mit der Polizei, am Anfang mit der Polizei sehe, ich zittere, ich habe total Angst, was passiert, schlagen? Aber in Deutschland nicht. Ich habe selber so gewohnt in meine Heimat, dann habe ich immer Angst gehabt, dann paar Mal Polizei mir sagen, da brauchst Du nicht so Angst zu haben, nicht so wie in deiner Heimat, hier ist es ganz anders, wir sind auch Menschen, dann habe ich langsam mit der Polizei gut gewöhnt (...)" (AIM 1, 8-9: 257-273).

Dieser Befragte ist einer der Interviewten, der sich am deutlichsten mit Deutschland identifiziert (AIM 1, 15: 496-497; 501-502). Für sein starkes Zugehörigkeitsgefühl ist die Sicherheit und Gleichberechtigung, die er in Deutschland erfahren hat und immer wieder erfährt, tragend (AIM 1, 6: 197-200; 10: 314-315; 12: 375-379).

6.1.2. Eigene Werte

Werte dienen als Standards, wie man sich gegenüber bestimmten Personen oder in bestimmten Situationen verhalten soll und beeinflussen, welche Position wir gegenüber unterschiedlichen sozialen, politischen oder religiösen Fragen einnehmen (Rokeach 1979: 48). Sie helfen bei der Selbstpräsentation und bei der Beurteilung der eigenen Person oder des Gegenübers (ibid.). In der Migration machen Menschen jedoch die Erfahrung, dass sie im Einwanderungsland mit anderen Werten, Verhaltensmustern und Verhaltensweisen konfrontiert werden (Feather 1979: 99). Rokeach erläutert, dass sich die Unterschiede, die wahrgenommen werden, nicht so sehr auf das Vorhandensein oder Nichtvorhandensein von Werten beziehen, sondern, dass den Werten beispielsweise eine unterschiedliche Hierarchie oder Wertigkeit gegeben wird (1979: 17). Ferner unterscheidet Rokeach zwischen terminalen und instrumentellen Werten (1979: 48). Terminale Werte sind solche Überzeugungen, die sich auf einen wünschenswerten Endzustand für die eigene Lebensweise oder die Lebensziele beziehen (ibid.). Hierzu gehören beispielsweise Freiheit, Selbstrespekt, Gleichheit, Friede, Harmonie, Familie, soziale Anerkennung, Glück, Freundschaft, Liebe und Sicherheit (Rockeach 1979: 62-63). Instrumentelle Werte sind wiederum solche Überzeugungen, die sich auf die Möglichkeit beziehen, einen Idealzustand zu erreichen (Rokeach 1979: 48). Zu diesen Werten zählen beispielsweise Ehrlichkeit, Verantwortungsbewusstsein, Unabhängigkeit, Offenheit, Ehrgeiz, Hilfsbereitschaft, Mut, Selbstkontrolle, Verzeihen, Höflichkeit oder Gehorsam (Rokeach 1979: 64-65). Das heißt, terminale Werte spiegeln wider, *was* der oder die Einzelne in seinem Leben erreichen möchte und instrumentelle Werte stellen dar, *wie* der oder die Einzelne sein Ziel erreicht. Im Folgenden werden die von den Interviewten genannten Werte in terminale und in instrumentelle Werte unterschieden.

Terminale Werte

Es wurde in den Interviews deutlich, dass einige Befragte aus politischen oder auch sozialen Gründen auf terminale Werte verzichten mussten. In der Migration wurde durch die Befriedigung dieser grundlegenden Werte deren Wichtigkeit für den Einzelnen oder die Einzelne besonders deutlich. So hat die Hälfte der Befragten Sicherheit und Freiheit als terminale Werte und damit als wünschenswerte Ideale für ihr Leben genannt und diese in Deutschland wiedergefunden:

> „(…) für mich war ganz gut, modern, sicher, habe ich keine Angst bekommen, nichts." (TGM 1, 8: 395-396)
>
> „(…)mit gesundheitlich ganz wichtig, ich möchte keine Luxus aber (…) ich muss mich sicher fühlen, angenehm." (TGM 1, 21: 1065-1069)
>
> „(…) als ich zurückgekommen bin, hier noch mehr schön, habe ich meine Freiheit, Sicherheit (…)." (TGM 1: 9, 445).
>
> „(…) Freiheit, dass ist schon besser gewesen hier." (AIM 3, 13: 613-614)

> „Und wenn ich in die deutsche Grenze (…) ich merke, dass mir an deutsche Territorium sind, an die Ecke, dann bin ich schon sicher.“ (AIM 3, 21: 1033-1035)
>
> „Also in Deutschland, also ich kann sagen, ich kann wirklich leben, was ich brauche, ich kriege alles (…) kann ich also jederzeit ganz rausgehen kann, also nichts passieren, immer so Sicherheit, ja.“ (AIM 1, 6: 197-200)
>
> „Wenn ich in Flughafen reinkomme, dann, alles von der Angst und so was alles weg ist.“ (AIM 1, 11: 341-342)
>
> „(…) Geld gibt Sicherheit auch und … auch Freiheit. Freiheit, das ist sehr wichtig! Sehr, sehr wichtig. Sicherheit und dazu Freiheit!“ (IKM 1, 37: 1240-1242)

Ein weiterer wichtiger Wert ist die Familie. Eine Türkin aus dem traditionellen Gastarbeitermilieu verknüpft mit dem Wert Familie und Glück, den instrumentellen Wert Arbeit, also den Weg zum Idealzustand (TGM 1, 1):

> „(…) der ältere Sohn 33 Jahre, Computerfachmann, verheiratet seit 10 Jahre, voll glücklich auch ihre viele Frau hat gute Job, die arbeiten zusammen, die leben gut. Junge Sohn 26 Jahre alt, auch hier als Sicherheitsdienst bei Amt (…) die machen mich glücklich natürlich, der junge Sohn wird auch nächste Woche Verlobungsfest machen.“ (TGM 1, 1: 25-41)

Auch für einen anderen Befragten ist Arbeit ein essentieller Bestandteil seines Lebens in Deutschland:

> „(...) ich habe als Werkzeugmacher Beruf gelernt, ich arbeit meine Arbeit, ich war 15 Jahre in mein Beruf und ich verdiene gut und ich möchte hier auch bleiben, später ein Wohnung kaufen und meine Kinder und meine Frau hier leben (...).“ (AIM1, 2: 52-55)

Ein Befragter aus dem adaptiven Integrationsmilieu erzählt, wie wichtig es ihm ist, in Deutschland wieder eine große Familie gefunden zu haben (AIM 2, 15):

> „(…) wenn ich meine Schwiegereltern besuche (…) ich fühle mich so in die Familie ganz gut, wir machen was zusammen, wir erleben was zusammen, es ist alles so ganz, ganz schön, dass man so auch so, Familienleben, großes Familienleben da in Deutschland in dem Bereich; hier ist normalerweise so eine kleine Familie (…).“ (AIM 2, 15: 484-491)

Fast alle Befragten nennen direkt oder indirekt soziale Anerkennung als einen zentralen Wert in ihrem Leben. Für einen Befragten ist dies die gute Behandlung auf Ämtern (AIM 1, 7: 215-218). Ein anderer Befragter fühlt sich anerkannt, da er „sehr gut aufgenommen“ worden ist und fühlt sich akzeptiert, weil er zu verschiedenen Aktionen im Stadtviertel persönliche Einladungen bekommt, sich im Nachbarschaftstreff engagiert und in der Arbeit seine Meinung wichtig genommen wird (AIM 2, 1: 16 525-529; 17: 560-562). Anerkennung erzeugt dabei ein Gefühl von Zugehörigkeit und zeigt sich für eine Befragte besonders am Arbeitsplatz, wo sie sich akzeptiert und anerkannt fühlt, weil sie die gleiche Bezahlung wie eine deutsche Arbeitnehmerin bekommt (IKM 2, 17: 566-577).

Eine junge Mutter aus dem intellektuell-kosmopolitischen Milieu beschreibt die Wichtigkeit von Anerkennung, die sie als Elternbeirat und für ihr Engagement im Kindergarten erfährt:

> „(…) es war die höchste Anerkennung damals, und als ich gesehen habe, wie die Kinder mich angenommen haben und auch die Rückmeldungen und auch wie die Kinder am nächsten Tag frage, wann die [ich] wiederkomme (…) das war schon sehr wichtig für mich. Und wichtig, weil ich habe verstanden, dass, was ich mache, ist wichtig für andere Leute, die schätzen es und das ist auch gut (…) das war erste wirklich eine bewusste Punkt, wo ich mich nützlich gefühlt habe. (…) es geht immer darum, ob man sich realisiert (…) ob ich etwas anbieten kann und ob jemand mich braucht. (…) wenn die Leute kommen zu ihnen und sagen, es geht mir schlecht und ich brauche dich, ich finde, das ist die höchste Anerkennung." (IKM1, 6-7: 198-218)

Die Nennung von zentralen Werten wie Freiheit, Sicherheit oder Familie zeigt, dass sich Migranten und Migrantinnen und Deutsche in ihren terminalen Werten ähneln. Als nächster Schritt werden nun die genannten instrumentellen Werte vorgestellt, die beschreiben, wie sich einzelne Befragte den Weg zu einem sicheren, freien Leben in sozialer Anerkennung vorstellen.

Instrumentelle Werte

Während die terminalen Werte, von denen die Migranten und Migrantinnen erzählt haben, ein Bild davon geben, wie sich die Befragten ihr Leben in Deutschland idealerweise vorstellen, zeigt die Vielfalt der genannten instrumentellen Werte, welche Möglichkeiten und Wege die Betroffenen sehen, die Integration in Deutschland zu bewältigen und sich ein neues Leben einzurichten. Die Befragten berichten direkt von ihren Stärken und zeigen dadurch die Wichtigkeit des Wertes für sie.

Beispielsweise berichtet eine Bulgarin, dass sie trotz großer Schwierigkeiten beim Einleben in Deutschland nie in Erwägung gezogen hatte, zurückzugehen, weil sie sehr diszipliniert ist und ein großes Durchhaltevermögen besitzt (IKM 2, 11: 356-

362). Ferner wurde ihr die strukturelle Integration erleichtert, weil sie sehr zuverlässig und ehrlich ist (IKM 2, 12: 390-393; 405). Die Werte Disziplin und Durchhaltevermögen tauchen auch bei den anderen Interviewpartnern und –partnerinnen auf. So drückt eine andere Befragte diese Werte so aus, dass es auf die Mühe ankommt, die man sich gibt (IKM 1, 3: 73). Eine andere Interviewte beschreibt das Durchhaltevermögen als Konzentration auf Deutschland und den Willen, unbedingt bleiben zu wollen, die nötig sind, um die Belastungen der Integration zu bewältigen (TGM 1, 3: 153; 11: 528-547).

Ein ägyptischer Familienvater erzählt, welche Werte seine Eltern ihm vermittelt haben und wie wichtig Verzeihen können und Toleranz in Deutschland für ihn sind, um mit Zurückweisung und verletzendem Verhalten durch Deutsche umgehen zu können (AIM 2, 8- 9):

> „Man muss vergessen können. Wenn man nicht vergessen kann, dann kann man schlecht leben irgendwie. (…) Und man muss auch verzeihen können, falls es, dass die Person so, die Person hat mich nicht gekannt, vielleicht hat sie Probleme oder hat sie mal schlechte Erfahrungen mit jemand anders gemacht und deswegen hat sie so auch reagiert. Ich muss das auch irgendwie verstehen (…) das habe ich Gott sei Dank von zu Hause mitgebracht, also wir sind so erzogen worden (…).“ (AIM 2, 9: 279-295)

Zentral für die Hälfte der interviewten Migranten und Migrantinnen ist Offenheit. Offenheit beschreiben sie als unumgängliche Regel, um Kontakt herzustellen oder Wissenslücken zu schließen (IKM 1, 2: 34-36; AIM 2: 7, 205). Zu viel Offenheit hat jedoch eine Befragte erfahren, ist oftmals befremdlich für das Gegenüber und damit eher ein Hindernis im Integrationsprozess (IKM 2, 12-13: 407-412).

Die Befragten berichten aber auch von Wertediskrepanzen, die sie zwischen ihrem Herkunftsland und Deutschland erleben. So ist für eine Migrantin Solidarität unter Landsleuten im Studium selbstverständlich. Deutsche Studenten haben nach ihrer Wahrnehmung aber scheinbar andere Probleme und brauchen diese Solidarität nicht (IKM 2, 6: 173-196).

Im Allgemeinen zeigt die Auswertung, dass sich die Werte aus den Herkunftsländern von „deutschen“ Werten nicht wesentlich unterscheiden. Es gibt zentrale Werte, ohne die das Leben für viele Menschen nicht vorstellbar ist und zumindest für einen der Befragten ist das Fehlen dieser Werte in seinem Herkunftsland der Grund für seine Migration. Die Werte Freiheit, Sicherheit, Familie und soziale Anerkennung sind universal und werden von Migranten und Migrantinnen und Deutschen gleichermaßen angestrebt. Ferner gibt es eine Fülle an Werten, die nach den Schilderungen der Befragten helfen, den Integrationsprozess zu bewältigen.

6.1.3. Persönliche Einstellungen

Einstellungen sind „überdauernde Gefühle, Überzeugungen und Verhaltenstendenzen, die auf spezifische Personen, Gruppen, Ideen oder Objekte gerichtet sind" (Sackmann 2003: 11). Der oder die Einzelne verhält sich in unterschiedlichen Situationen und gegenüber unterschiedlichen Menschen absichtlich und gemäß seiner Einstellung auf eine bestimmte Weise (Sackmann 2003: 11). Hier gibt es Überschneidungen zu den instrumentellen Werten, die ebenso Überzeugungen und Verhaltensweisen beinhalten. Jedoch dienen die instrumentellen Werte der Verwirklichung einer idealen und wünschenswerten Existenz, während die Einstellung sich auf die alltägliche Lebensbewältigung bezieht (Rokeach 1979: 48; Sackmann 2003: 11). Hier sollen nun einige allgemeine Einstellungen der Befragten beispielhaft vorgestellt werden.

Wer seine Grenzen kennt, wird akzeptiert:

„Dass man wirklich seine Rechte kennt und seine Grenzen. Wenn man seine Grenzen auch kennt, dann wird man auch in Ruhe leben können (...) und wird auch akzeptiert, will man auch die Rechte von anderen kennt und das auch akzeptiert (...) auch freundlich zu den Leuten ist, dann wird man auch akzeptiert." (AIM 2, 18: 581-586)

Anderen Hilfe anbieten gehört dazu:

„Ich denke, wie ich am Anfang Schwierigkeiten gehabt (...) ich habe Sprache gelernt, ich helfe die Leute. Dann ich mache so, manche Leute sagen, da wollen sie 20 Euro, dann sage ich, ich brauche kein Geld, ich wollte nur helfen, ja. Freiwillig ich will helfen, ich denke, ich bin Anfang hier die Schwierigkeiten gehabt, sollen nicht andere Leute haben." (AIM 1, 22: 719-723)

Ein selbst bestimmtes Leben ist wichtig:

„ (...) wie man lebt, muss man leichte, gute, wie man will, so muss man leben." (TGM 1, 6: 54)

Die eigene Nationalität ist nicht wichtig:

„Du bist frei, viel freier [ohne Landeszugehörigkeit], (...) Du denkst global. Man denkt schon global. (...) man denkt nicht nur über sich selbst nach und man denkt nicht über seine Straße. Man denkt nach, man fängt dann über die Erde zu denken, als ein Haus. Und das ist schon ganz andere und ich bin auch fest davon überzeugt, mein Haus oder meine Heimat ist dort, wo ich mich wohl fühle, ja." (IKM 1, 33: 1086-1091)

Selbstvertrauen und Gottvertrauen geben Kraft:

„Eigentlich zuerst muss man an sich selber glauben, dass man so alles machen kann und man soll an Gott auch, ich weiß nicht, ob das nur die Ägypter oder alle Leute, dass es wenn man an Gott glaubt, dann gibt man Kraft und dann kann man auch so viele Sachen machen." (AIM 2, 6: 200-202)

Die Erzählungen in den Interviews machen deutlich, dass Migranten und Migrantinnen mit einer persönlichen Ausstattung in das Aufnahmeland kommen. Sie sind durch die Werteorientierungen ihrer Familie und ihres Heimatlandes geprägt. Erfahrungen und Überzeugungen wirken sich auf die persönliche Einstellung gegenüber unterschiedlichen Situationen und Menschen aus. Welche Einstellungen sich auf der Basis der Werte herausbilden, ist höchst individuell und zeigt sich in der Vielfalt und Unterschiedlichkeit der genannten Einstellungen. In der Migration entwickelt sich auf der Grundlage der Werte und Einstellungen eine zielgerichtete Strategie, wie man am besten den Integrationsprozess bewältigt. Diese Handlungsstrategien werden im nächsten Absatz vorgestellt.

6.2. Handlungsstrategien in der Migration

Handlungsstrategien werden hier verstanden als eine bestimmte Art und Weise des Umgangs mit der Integration. Sie unterscheiden sich von den Einstellungen, weil sie genau auf die Erfordernisse der Integration abgestimmt sind und zum Teil erst in der Migration entwickelt wurden. Dagegen besteht die persönliche Einstellung unabhängig vom Integrationswillen, kann also der Integration sogar entgegenstehen und wird meistens bereits bei der Einwanderung mitgebracht.

Die Interviews zeigen, dass alle Befragten eine oder mehrere Strategien haben, wie sie mit den Anforderungen der Integration umgehen. Eine der eindrücklichsten Strategien stammt von einer russisch-stämmigen Frau aus dem intellektuell-kosmopolitischen Milieu, die seit neun Jahren mit ihrer Familie in Deutschland lebt und sich klare Regeln aufgestellt hat. Diese Regeln geben die Schritte vor, wie eine Integration im Aufnahmeland begonnen werden kann und bieten somit Halt:

> „Ich muss sagen, erste Regel offen sein. Zweite Regel: Toleranz. Und dritte Regel: Neugier. Wenn alles dabei ist und noch Geduld dazu, dann funktioniert es schon." (IKM 1, 2: 34-36)

Eine weitere Strategie, die diese Befragte für sich entwickelt hat, wurde ihr von einer Deutschen nahe gelegt und wird seither als eine wichtige Regel für die Klärung fremder Situationen von ihr angewandt und hat ihr auch beim Spracherwerb geholfen:

> „Eine Frau ganz am Anfang (...) sie hat gesagt: ‚Du musst fragen, wenn Du etwas wissen möchtest.' Und ich habe das als Grundsatz auch genommen, ich muss fragen und ich muss mich nicht schämen. Und das war auch sehr wichtig, dass ich auch hab, ich mich nicht geschämt habe, dass ich ganz schlecht sprechen kann. Ich wusste, es ist eine Phase, es wird vorübergehen (...)." (IKM 1, 3: 92-97)

Schließlich hat sich dieselbe Befragte noch eine Strategie erarbeitet, um für sich herauszufinden, welche der neuen Verhaltensweisen oder Ansichten sie übernehmen möchte und welche sie mit ihrer Persönlichkeit nicht vereinbaren kann (IKM 1, 4-5):

> „(...) offen zu sein, das ist immer offen Augen und Ohren zu haben und beobachten, analysieren und auch anwenden. Ich würde das Offenheit nennen. Natürlich man muss nicht alles abwenden, man muss analysieren was eigentlich zu mir, was kann ich annehmen, was kann ich mir erlauben annehmen und meine Persönlichkeit nicht zu stören. (...) Offenheit, beobachten, analysieren, anzuwenden. Ich würde das so formulieren. (...) Wieso machen sie das. Warum machen sie das, wie machen sie das, was für ein Ziel haben sie. Und was, mit welchen Methoden verfolgen sie dieses Ziel." (IKM1, 4: 115- 132)

Offenheit wird nach Auffassung der Befragten auf beiden Seiten benötigt: Offenheit für Fragen bei den Deutschen und Offenheit bei den Migranten und Migrantinnen um Neues kennen zu lernen.

Die bulgarische Interviewpartnerin konnte für sich herausfinden, dass sie Anerkennung von den Deutschen durch ihre Leistung erhält. Je besser ihre Leistungen in der Arbeit oder im Studium sind, desto mehr Anerkennung und Akzeptanz erhält sie (IKM 2, 18-19: 581-638). Als weitere Strategie, die die Akzeptanz durch die Deutschen fördert, hat sie eine gewisse Anpassungsfähigkeit an die Situation entwickelt:

> „Je nach dem, wenn ich mit einem Bettler rede, dann verhalte ich mich mit Bettler; wenn ich einen Politiker rede oder so, mit jemanden, der irgendwo mit meinem Chef redet, dann

> verhalte ich mich ganz anders und ich denke, das hilft mir sehr viel, dass ich so akzeptiert werde, dass ich so wahrgenommen werde als ein Mensch, mit dem man gerne …". (IKM 2, 21: 702-706)

Die türkische Befragte hat sich nach dem Scheitern ihrer Ehe eine Strategie erarbeitet, wie sie mit ihren Kindern in Deutschland bleiben kann und ihre Rolle als Frau und allein erziehende Mutter findet und auch ihr Beispiel zeugt von großer Anpassungsfähigkeit:

> „Erstens muss mit Menschen Kontakt zu halten, menschlich sein, ehrlich bin ich sowieso, als Charakter und wo für mich, was machen muss als Frau, was mir glücklich macht, was mir Mut geben, dass muss ich für mich machen, das konnte er [Ehemann] nicht machen können früher." (TGM 1, 13: 638-641)

Eine Befragte, die bereits 1957 aus Ex-Jugoslawien nach Deutschland gekommen ist, hat sich ebenfalls mehrere Strategien angeeignet, insbesondere um sich die kulturelle Identität zu erhalten und trotzdem ein angepasstes Leben zu führen:

> „(…) und ich spreche mit meinem Sohn zu Hause auch immer kroatisch. (…) mein Mann hat gesagt, er war, er will seine kroatische Heim haben. (…) Aber wenn ich auf der Straße bin, ich weiß 100%, dass das Deutschland ist und dass ich dazu, dazugehöre." (AIM 3, 19: 918-922)

> „Ich lebe, aber die Straße muss nicht jeder wissen, dass ich Kroatin bin. Ich bin Kroatin trotzdem, dass ich hier deutsche Pass habe. (…) Sie müssen eine Land, wenn sie drin leben wollen, akzeptieren und so nehmen wie sie ist. Sie müssen selber umschalten und das ist so wie die in dieser Land ist, wo sie leben wollen." (AIM 3, 26: 1268-1277)

Der Prozess der Integration bringt für jeden Migranten und jede Migrantin individuelle Anforderungen mit sich, die es zu bewältigen gilt, will man im Aufnahmeland bleiben und dort eine neue Existenz aufbauen. Die Vielfalt der Strategien zeigen, wie wichtig ihre Funktion ist, sich in der Fremde zurechtzufinden. Sie bieten keine fertigen Lösungen an, aber hilfreiche Pläne um die Herausforderungen, die die Migration mit sich bringt, zu meistern.

6.3. Erfahrungen im Kontakt mit den Deutschen

Der Kontakt zu den Menschen des Aufnahmelandes wird in den Interviews von allen Befragten als zentral herausgestellt. „Es gibt natürlich schöne Wörter, aber für mich ist es sehr wichtig: soziale Kontakt, Beziehungen, und aber ich glaube im Grunde genommen, das ist für alle das gleiche" (IKM 1, 8: 235-236). Die Befragten berichten sowohl von notwendigen Bedingungen als auch von Regeln für den Kontakt, die sie als besonders wichtig erkannt haben. Zwei dieser besonderen Situationen, die Kontakt fördern, aber auch für Konflikte sorgen, sind der Spracherwerb und die Kindererziehung.

6.3.1. Voraussetzungen für den Kontakt

Das Wissen, welche Voraussetzungen für einen erfolgreichen Kontakt mit den Deutschen nötig sind, hat sich durch die Erfahrungen der Migranten und Migrantinnen im Aufnahmeland entwickelt. Diese Voraussetzungen stellen zum einen Regeln für den Kontakt dar, zum anderen auch Wünsche an das Verhalten der Deutschen.

Eine Interviewte sieht als Voraussetzung für einen guten Kontakt, dass es bestimmte Regeln für den Umgang mit den Deutschen gibt, die sie erlernen muss, damit sie sich in Deutschland einleben kann:

> „(…) jetzt bin ich in einem anderen Land und ich möchte hier nicht nur wohnen, sondern leben und ich muss diese Regeln lernen und wenn ich richtig mich, richtig leben will in diesem Land, dann muss ich auch an bestimmte Regeln mich unterordnen." (IKM 1, 5: 145-148)

Für diese Interviewpartnerin sind es Regeln, die das Verhalten der Deutschen nachvollziehbar machen sollen. Es bedeutet Halt und Verlässlichkeit für diese Migrantin, zu erlernen, warum ihr Gegenüber sich auf eine bestimmte Art und Weise verhält und welches Ziel damit verfolgt wird (IKM 1, 4).

Als weitere Voraussetzung für einen erfolgreichen Kontakt wird von einer Interviewpartnerin beschrieben, dass Gemeinsamkeiten wichtig sind, selbst wenn es sich um gemeinsame Probleme handelt (IKM 2, 6: 173-192). Diese Gemeinsamkeiten können auch gleiche Lebensumstände sein, so dass beide Seiten sich mit gleichen Bedingungen oder Problemen auseinandersetzen müssen (IKM 2, 6: 200-202). Dabei spielt für den Kontakt auch eine Rolle, wie viel Geld man zur Verfügung hat und ob man beispielsweise die Freizeitaktivitäten mitmachen kann (IKM 2, 15: 490-496).

Entscheidend für den Kontakt ist für diese Befragte und einen weiteren Befragten das Interesse, das einem von den Deutschen entgegengebracht wird. Dieses Interesse fehlt nach der Einschätzung der Befragten oft und die Menschen fühlen sich als Person nicht wahrgenommen:

> „Also ich würde schon sagen, sie hatten irgendwie Angst. Sie wollten nicht – also ich war die Fremde, die Fremde, die wir uns von unserem Studium kennen und niemand wollte sich (...) mit mir auseinander setzen oder mehr über mein Leben erfahren (...) irgendwie versuchen zu verstehen, was ich für ein Mensch bin, wieso ich so bin und so weiter (...)." (IKM 2, 27-28: 911-916)

> „(...) die Deutschen lesen zu viel, die, und die weiß nicht, ob sie auch über andere Länder lesen oder so was. Manche denke ich, interessieren sich nur für die Länder, wo sie auch Urlaub machen können, sie sind so oberflächlich, aber wenn sie auch über das Leben von Leuten und die Art und Weise unseres lesen könnten, dann wäre es auch ganz gut oder auch wenn sie sich versetzten in so eine Situation, wie was werde ich machen, wenn ich Ausländer in Ägypten wäre, was hätte mich erwartet." (AIM 2, 19: 614-619)

Das Beispiel zeigt auch, dass Kontakt Einfühlungsvermögen in die Situation des anderen erfordert und dass es wünschenswert für die Migranten und Migrantinnen wäre, wenn Deutsche mehr Anteil nehmen würden. Gerade das Einfühlungsvermögen fehlt jedoch oft, so dass Kontakt zu den Deutschen von Migranten und Migrantinnen viel Verständnis und Toleranz erfordert (AIM 2, 9: 279-289).

Die türkische Befragte erzählt, wie sehr sie es bedauert, dass Deutsche nicht auf ihr Kontaktangebot eingehen. Sie ist offen gegenüber allen Menschen und hofft, dass man ihr mit der gleichen Offenheit entgegenkommt. Sie sieht jedoch auch, dass Menschen unterschiedlich sind und dieser Unterschied nichts mit Kultur zu tun hat, sondern mit dem Wesen des Menschen (TGM 1, 23: 1135-1161). Ferner spielt für sie die Beständigkeit des Kontakts eine wichtige Rolle:

> „Gute Erhaltung zum Beispiel. Bekannte sollen bekannt bleiben (...) wenn zum Beispiel wir sind Bekannte, nicht mehr nur für heute, wenn was passieren, in Zukunft auch werde nachfragen, anrufen, Kontakt zu halten (...) das ist menschlich." (TGM 1, 24: 1206-1217)

Beziehungen erfüllen für eine andere Befragte jedoch nicht nur das Bedürfnis nach Nähe, sondern sind auch eine hilfreiche und wichtige Unterstützung im Alltag:

> (...) diese große Beziehungen entstehen aus diese Kleinigkeiten, sie waren einfach Nachbarn und Gott sei Dank, die waren auch ziemlich offen. Und irgendwann ist es schon

> Freundschaft entstanden und das ist auch sehr wichtig, ich konnte einfach bei denen klingeln und die fragen: ‚Sag mir bitte, das ist eine Situation, ich weiß nicht, was ich machen soll.' Und eine Sache, was ich in Bücher lese, andere Sache, was mir Nachbarn sagen. Und dann hat sie mir ein oder anderen Tipp gegeben (...)" (IKM 1, 2: 63-68).

Dieses Beispiel zeigt nicht nur, dass das Wissen, das von den Menschen vor Ort im Land gewonnen werden kann, nicht ersetzbar ist durch angelesenes Wissen, sondern auch, dass es Kontaktmöglichkeiten und Kontaktbereitschaft von den Deutschen für die vielen kleinen Fragen des Alltags braucht. Spontaneität und Offenheit sind wichtige Voraussetzungen, um Kontakt knüpfen zu können.

Zusammenfassend kann gesagt werden, dass es aus Sicht der Befragten bestimmte Voraussetzungen gibt, damit Kontakt zwischen Migranten und Migrantinnen und Deutschen entsteht. Gemeinsamkeiten und eine Begegnung auf gleicher Augenhöhe sind für den erfolgreichen Kontakt genauso wichtig, wie die Möglichkeit, spontan aufeinander zuzugehen. Kontakt setzt Offenheit und Interesse der Deutschen voraus. Zu Beginn ist er oftmals eine wichtige Unterstützung im Integrationsprozess, aber es besteht auch der Wunsch nach Beständigkeit. Das Wesentlichste jedoch ist, dass Kontakt zu den Deutschen das Gefühl von sozialer Anerkennung vermittelt. Ob diese Anerkennung durch eine gerechte und gleiche Behandlung oder durch die Erfahrung, gebraucht zu werden, vermittelt wird, durch Leistung in der Arbeit gewonnen wird oder auch durch nachbarschaftlichen Kontakt zum Ausdruck gebracht wird, ist individuell sehr unterschiedlich, jedoch für die Integration in die Gesellschaft aus Sicht der Befragten ausschlaggebend (AIM 1, 1; 7; 9; 17; IKM 1, 7; TGM 1, 25; IKM 2, 12; 18; AIM 3, 24; AIM 2, 16; 17).

6.3.2. Besondere Kontaktsituationen

Als besondere Kontaktsituationen haben sich durch die Erzählungen der Befragten zwei Bereiche herauskristallisiert: Spracherwerb und Kindererziehung. Um die Sprache zu lernen, ist Kontakt zu den Deutschen unentbehrlich, und um Kinder in Deutschland aufziehen zu können, sind Kontakte zu Kindergärten und Schulen unerlässlich. Beide Bereiche bieten Kontaktmöglichkeiten mit den Deutschen und deutschen Institutionen, die sowohl erfreulich verlaufen als auch konfliktbehaftet sein können.

Spracherwerb

Alle Befragten erzählen von ihrem Spracherwerb und den damit verbundenen Erlebnissen. Für viele war die Sprachlosigkeit zu Beginn ein großes Problem und es gab und gibt für alle Momente der Frustration und des Zweifels, aber auch der Erkenntnis und Freude. Man kann in den Interviews erkennen, wie sehr es von der Persönlichkeit des Menschen abhängt, wie die – zu Beginn meist frustrierenden – Erfahrungen verarbeitet werden. Für alle war die Sprache die Voraussetzung für die Kontaktaufnahme mit Ämtern, Institutionen und Menschen und für viele hing vom Erlernen der Sprache ab, ob sie sich in Deutschland wohl fühlen konnten oder nicht.

So berichtet eine Befragte aus Kroatien, dass sie am Anfang in Deutschland nicht Fuß fassen konnte, weil es ihr so schwer fiel, Deutsch zu lernen:

> „(…) ich konnte nirgendwo ohne eine … ohne eine Wort, ich konnte nicht Deutsch lernen! (…) dann habe ich nur geweint und hat mein Mann wieder Karte gekauft, Fahrkarte nach Zagreb, hat mich nach Zagreb geschickt mit dem Zug und hat gesagt, wenn Du Dich erholt hast, dann kommst Du zurück. (…) so schlimm war das, manchmal jede drei Monate (…) drei Monate musste ich nach Zagreb. Konnte nicht dableiben. (…) Da habe ich geweint, wenn ich von hier weggefahren bin und habe geweint, wenn ich nach Zagreb gekommen bin, wenn ich zurückgekommen bin und war ich froh, dass ich wieder bei meinem Mann war." (AIM 3, 5: 249-268)

Zu diesem Zeitpunkt gab es in Deutschland keine Integrationsdeutschkurse für Migranten und Migrantinnen, so dass sie darauf angewiesen war, sich die Sprache selbst beizubringen:

> (…) und dann hat er [Ehemann] gesagt, weißt Du was, jetzt probieren wir etwas anderes (…) jetzt lernst du ABC, der deutsche ABC. Wenn du das kannst, dann werden wir probieren, dass du 15 Minuten Zeitung liest. Ich werde was finden, was ist leicht, dass Du das liest. Ob du das verstehst oder nicht, ist nicht wichtig. Hauptsache, dass du liest, dann wirst du leichter lernen (…) und dann ist gegangen. (AIM 3, 5-6: 273-289).

Das Beispiel der Kroatin zeigt deutlich, dass sie sich nicht einleben konnte, so lange ihr die Sprache nicht zugänglich wurde. Erst als sie Deutsch lernen konnte, fühlte sie sich zu Hause.

Einer Befragten aus der Türkei, die ebenfalls ohne Deutschkurs Deutsch gelernt hat, fiel es sehr viel leichter, mit der Sprachlosigkeit am Anfang umzugehen, vielleicht auch, weil sie mehr Kontakt zu anderen Migranten und Migrantinnen hatte:

> „Die Sprache hat mich irgendwie Angst gegeben, habe ich schnell mit Arbeit, mit die Leute schnell Arbeit gelernt, zurechtgekommen, keine Probleme gehabt, mehrere Türken, Jugoslawe, Griechen. (...) wenn es Probleme dann Dolmetscher gibt es zu Notfall, haben wir ausgerufen, diese ist gekommen, geholfen, so was in paar Jahre, aber haben wir gelernt. (...) wenn deutsche Geschäfte gehen (...) alles muss man sagen oder zeigen, so haben wir bekommen, das war lustig. (...) Es war schwer, aber (...) mit Bewegung, mit Zeigen, welche, etwas können sprechen, kann sprechen, was hat mir überrascht damals, wir waren in Restaurant, die Frau war deutsch, der Mann war türkisch, türkische Restaurant. (...) die deutsche Frau spricht türkisch, halbe halbe so. Oh, habe ich gefreut, ich habe gesagt, ich komme immer wieder zu ihnen. Habe ich sie kennen gelernt, habe ich immer noch Kontakt." (TGM 1, 7-8: 331- 377)

Die Bekanntschaft mit einer Person, die ihre Muttersprache und Deutsch in sich verbindet, hat ihr geholfen, die durch die fehlenden Sprachkenntnisse bedingte Kontaktlosigkeit zu überbrücken. Die Bedeutsamkeit dieser Bekanntschaft kann man auch daran erkennen, dass der Kontakt bis heute besteht.

Wer jedoch keine Angehörigen in Deutschland hat oder Menschen der gleichen ethnischen Herkunft kennt, ist besonders auf Kontakt zu den Deutschen angewiesen. Ein Befragter aus Sri Lanka, der schon als 13-Jähriger ohne Eltern nach Deutschland gekommen ist, beschreibt die erste Zeit ohne Sprache als einsam, weil ihn die Sprachlosigkeit von den anderen fernhielt:

> „Also die Schule war mir okay, die Schüler waren nett, ja, aber die wollen auch mit mir reden, ich konnte nicht so reden. (...) In der Pause ich bin immer allein gewesen, weil ich konnte nicht reden dann, ich schäme mich darüber, alle die nehmen mich immer spielen (...) Komm spielen, nicht alleine bleiben. Ich wollte auch spielen, aber ich selber denke immer, ich kann nicht reden, wie ich kann ich spielen? Ich habe selber immer unter Druck." (AIM 1, 4-5: 132-144).

Für ihn ist es in Ordnung, wenn seine Sprache von anderen korrigiert wird, denn er möchte jede Gelegenheit nutzen, um dazu zu lernen und damit auch mehr Anschluss zu finden (AIM 1, 6: 170-179). Das macht den Kontakt zu den Deutschen – und seien es nur kurze Begegnungen – so wertvoll für ihn:

> „(...) wenn mich jemand korrigiert, ich bin nicht sauer, sondern ich bin froh." (AIM 1, 24: 781)

Der oder die Lernende ist auf den Kontakt mit denjenigen, die die Sprache sprechen können, angewiesen. Gerade dieser Umstand macht es schwer, wenn das Gegenüber wenig verständnisvoll ist, wie das Beispiel einer russischsprachigen Befragten zeigt. Sie hat sich auf den ersten Einkauf in einer Bäckerei vorbereitet und geübt und musste dennoch eine schockierende Erfahrung machen:

> „Und dann habe ich ganz fleißig einen Satz gelernt, ich hätte, ich möchte 6 Brötchen. Ich habe geübt, war sicher, ich kann das, bin zum Bäcker gegangen und (...)sie war schon in Rentealter, sie war auch lieb, aber wie sie das gemacht hat. Es war erste unangenehme sagen wir Eindruck, ich habe zu Ihr gesagt - und vergessen Sie nicht, es war Niederbayern, ja - ich habe gesagt: ‚Ich möchte, ganz klar und deutlich, ‚ich möchte 6 Brötchen'. ‚Wie bitte?' sie sagte. Ich wiederhole wieder na ja schon unsicher ein bisschen: ‚Ich möchte 6 Brötchen'. ‚Wie bitte, was sagen sie denn da?' Ich wiederhole wieder: ich möchte 6 Brötchen. ‚Ich verstehe sie überhaupt nicht, zeigen sie mir, was sie wollen!' Dann habe ich mit Finger auf Brötchen gezeigt, dann dreht sie um und sagt: ‚Das sind doch Semmeln!' Jetzt lach ich, aber damals, es war, ich hab am Anfang Schock gehabt, ja und weil es war, aber es war nicht das Schlimmste und dann sie hat gesagt: ‚Sie müssen doch deutsch lernen, endlich!' Und ich war nur 7 Tage im Land und ich wusste nicht, dass in Bayern nennt man Brötchen Semmeln. Es stand auch nicht im Wörterbuch, und es war eigentlich das, was die anderen fertig macht. Und dann sagen sie, ich möchte solchen Stress nicht mehr haben, ich gehe lieber irgendwo in ein großes Geschäft, wo ich kaufe und ich nicht sprechen muss und so weiter. Aber für mich ist das zuerst ein Schlag in Gesicht, aber dann hab ich gesagt, okay, okay, ich mache das, und ich zeige dir, dass ich das kann. (...) Ja und dann bin ich wieder gegangen und habe schon gesagt: ‚Ich möchte 6 Semmeln!' Ich habe die Semmeln bekommen und natürlich dann, es war die Bäckerei um die Ecke und ich habe dort eingekauft und langsam leichter und leichter und leichter und es war nicht mehr, und sie war freundlicher und freundlicher und freundlicher. Aber es war erste unangenehme Erfahrung." (IKM 1, 12-13: 368-406)

Für die Befragte ist klar, warum sich manche Menschen nach solchen Erfahrungen zurückziehen und Kontakte eher vermeiden. In ihrer Erzählung wird deutlich, wie viel Durchhaltevermögen, Mut und Toleranz im Kontakt mit – weniger verständnisvollen – Menschen notwendig ist, wenn man die Sprache nicht gut beherrscht.

Zwei Befragte erzählen, dass der Spracherwerb insbesondere zu Beginn unangenehme Situationen hervorbringt, weil man sich oftmals nicht ernst genommen fühlt oder einem die sprachliche Möglichkeit fehlt, seine eigene Meinung zu vertreten und sich auch durchzusetzen (IKM 1, 13: 417-424, Pretest IKM).

Eine Befragte kämpfte in ihrem Studium ebenfalls mit den Vorurteilen, die ihr entgegengebracht wurden:

> „(...) ich war mit meiner Note nicht zufrieden und ich bin zu ihm gegangen und ich wollte meine Arbeit anschauen und er hat zu mir gesagt, ach ja, sie haben hier die Note vier bekommen, weil sie, ja sie sind sowieso Ausländerin, sie können nicht so gut Deutsch. Dann habe ich gesagt, Unverschämtheit, das hat mit der deutschen Sprache überhaupt nichts zu tun, sondern mit der Zusammenstellung (...) der Prüfung." (IKM 2, 29: 964-969)

Doch es werden auch positive Erfahrungen beschrieben. So hat ein anderer Befragter viel Verständnis für seine Situation als Lernender erfahren und wurde so unterstützt, den Kontakt zu den Deutschen zu suchen:

> „(...)dass sie Gott sei Dank so auch freundlich waren und dass sie das auch mich akzeptiert, obwohl ich hier auch so Schwierigkeiten mit der Sprache habe, dass man nicht alles so, auch so ganz am Anfang, nicht alles so ausdrücken kann, was man sagen will und dass man auch so falsch so Ausdrucke sagen will, obwohl man das positiv [meint]. (...) Man kann so irgendwie ganz, wirklich ganz am Anfang man muss nicht nur auf den Wörterbuch so schauen, sondern man muss auch (...) man muss den Kontakt zu den Deutschen kriegen (...)." (AIM 2, 7-8: 220-242).

Einerseits wünscht er sich mehr Interesse der Deutschen, sieht jedoch auch, wie schwierig es am Anfang ist, Kontakt mit Migranten und Migrantinnen aufzunehmen, wenn diese so wenig Deutsch können und damit nichts von sich erzählen können (AIM 2, 19: 637-638).

Keiner der Befragten stellt in den Interviews die Notwendigkeit in Frage, die Sprache zu lernen und alle haben innerhalb ihrer Möglichkeiten Deutsch gelernt. Ebenso wünschen sich alle Kontakt zu den Deutschen. Einige beschreiben, dass sie sich zu Beginn wegen ihrer Sprachschwierigkeiten zurückzogen oder sich von den Deutschen zurückgewiesen fühlten. Doch keiner der Befragten beschreibt Sprachdefizite als unüberwindbar.

Kindererziehung

Während für das Erlernen der deutschen Sprache der Kontakt zu Einzelpersonen oft ausschlaggebend ist, geht es bei der Kindererziehung weniger um den Einfluss einzelner Personen, sondern um den Einfluss der Institution ‚Schule' oder der deutschen Lebensweise als solches. Viele Migranten und Migrantinnen lernen die ‚deutsche Lebensweise' durch ihren Arbeitsplatz oder in ihrer Freizeit kennen. Eltern haben zusätzlich Kontakt zu Kindergärten und Schulen. Dieser Kontakt wird sehr unterschiedlich erlebt. Manche der Befragten empfinden ihn als hilfreich und unterstützend, andere als vorurteilsbehaftet oder der eigenen Kultur gegenläufig. Es zeigte sich in den

Interviews, dass das Verständnis von Kindererziehung für manche Befragte eine Frage des Erhalts der eigenen kulturellen Identität ist. Während manche Eltern sich die Anpassung der Kinder wünschen und deutsche Einflüsse bewusst zulassen, ist es für andere Eltern wichtig, die deutschen Einflüsse soweit als nötig zu minimieren.

Zwei der Befragten waren Mütter, die beispielsweise in den Elternbeirat gewählt wurden und ihre Wahl sehr positiv und integrierend erlebt haben (TGM 1, 15; IKM 1, 6). Dennoch gab es in der Schule auch Schwierigkeiten, weil zumindest bei einer Befragten die Lehrerin Vorurteile gegenüber dem Kind hatte:

> „(…) ganz plötzlich auf einmal er schreibt seine Proben ganz schlecht. Und dann bin ich hingegangen und habe gefragt, was ist los, was passiert hier? Wieso, auf einmal solcher Abbruch. Und dann hat sie zu mir gesagt: ‚Was wollen sie, sie sind doch Ausländer, es muss schlecht in Deutsch sein. (…) irgendwann haben wir begriffen, es hilft nichts, und wir müssen weglaufen. Und dann haben wir wieder eine ganz tolle Lehrerin gehabt. Sie war ganz offen und hat, ach, sie war wirklich gut. Und sie hat auch uns gut getan." (IKM 1, 15: 489-498)

Anhand der Erzählung wird deutlich, dass die Mutter auch gute Erfahrungen mit der Schule gemacht hat und es ein grundsätzliches Einverständnis mit der Schule gibt, wenn die Leistungen des Kindes sein Können widerspiegeln. Die andere befragte Mutter fühlte sich ebenfalls vom Schulsystem unterstützt. Bei Problemen hat sie immer zuerst den Kontakt mit dem Lehrer oder der Lehrerin gesucht und es wurden gemeinsam Lösungen gefunden (TGM 1, 14-15: 692-724). Dies zeigt, dass ein gewisses Vertrauen in das Schulsystem besteht.

Die erste befragte Mutter nimmt ihre Möglichkeiten, auf die kulturelle Erziehung der Kinder Einfluss zu nehmen, wahr, sieht aber auch die Grenzen, die die Migration mit sich bringt:

> „(…) die Kinder natürlich bekommen zweisprachige Erziehung, auf dem Regal stehen russische und deutsche Bücher und auch wir haben Filme zur Klassikausbildung in Russland gehört. Die waren hier auch in russische Schule. Es gibt einen Klub für Russischsprechende (…) aber jetzt mit ganzen Tag Schule, es funktioniert nicht leider nicht mehr. (…) sie müssen sich mit Kultur klar kommen, wo die möchten auch, aber ich mach auch keinen Druck, ich verstehe, dass die werden nicht so aufwachsen wie wir groß geworden sind und sie müssen auch es irgendwie schaffen, zwischen beide Kulturen, ihre eigene Leben so hinbringen und das ist die Hauptsache." (IKM 1, 40: 1328-1338)

Es besteht bei dieser Befragten ein Einverständnis, dass die Kinder in zwei unterschiedlichen Kulturen aufwachsen und ihren eigenen Weg finden müssen, das heißt ihre eigene Wahl treffen dürfen. Auch eine weitere Befragte, die ihren Sohn in Deutschland groß gezogen hat, erzählt, dass die Anpassung an die deutschen Anforderungen manchmal wichtiger war als die eigenen Wünsche. So hat sie entschieden, dass ihr Sohn mit den anderen Mitschülern und Mitschülerinnen in einer deutschen Kirche gefirmt werden durfte, weil er so mit seinen Freunden zusammen bleiben konnte (AIM 3, 33: 1664-1668). Obwohl ihr der Glaube sehr wichtig ist, hat sie nicht das Gefühl gehabt, sie gibt ihn auf, wenn ihr Kind an eine andere Kirche angebunden wird.

Zwei befragte Väter erzählen, dass sie dem Einfluss der deutschen Lebensweise auf ihre Kinder mit Zweifeln gegenüber stehen:

> „(…) meine Kultur zum Beispiel, also Disco oder so was, nicht gewohnt, ja. Also ich war ja hier nie Disco, also ich mag auch nicht, weil ich habe gehört, das sind viele Raucherei (…) und meine Heimat (…) wo meine Stelle im Norden gibt es keine Disco. Also die Frauen geht keine Disco oder in Nacht gehen sie nie raus. Aber hier in Deutschland ganz anders. Hier die gehen (…) was die wollen, das machen, ja. Unsere Heimat die Eltern Druck, also wenn die Mädchen 18 Jahre, die wurden Eltern immer gesagt (…) Du halt das machen und das machen. Wenn 18 Uhr, du bist zu Hause, ja. (…) aber hier ist so, 18 Jahre, was Kind will, alles machen, ja. Also, der Vater soll, die Mutter soll ruhig, Kind alles was will, alles machen. (…) ich denke wie meine Heimat, wie Eltern, ja, das, du das und das machen, also Disziplin geben, also manche Sachen muss blockieren. Also in Nacht Disco, so was braucht sie nicht (…) diese Zeit kann sie etwas anderes machen. Also Weiterbildung oder irgendetwas oder andere Sprachen lernen (…)“

> „Also die, was meine Eltern, was die Recht gehabt, diese Recht wenn ich hier schaue, für meine Kinder, das finde ich besser ist. Also Junge ist okay, das was er will, kann machen. Aber ein Mädel (…) dann sie zum Beispiel lernen schlechter geworden und wenn irgendetwas passiert, dann macht sie ihre Ausbildung abgebrochen, ja. Deswegen besser zu Hause bleiben und weiterlernen und weiterbilden, ja. (…).“ (AIM 1, 25- 27: 835-875)

Der junge Vater beschreibt eindringlich seine Befürchtungen und sieht vor allen Dingen seine Tochter gefährdet, wenn er ihr später erlauben würde, alles zu machen, was sie will. Obwohl die Kinder noch klein sind, überlegt er, was er tun könnte, wenn seine Tochter älter wird und mit Schulkameradinnen etwas unternehmen möchte:

> „Ich war jung, sah ich das anders, jetzt bin ich Eltern geworden, das ist selber denke ich, das ist diese Weg, diese Weg für Kind ist schlecht, muss man anders machen, ja. Also meine Bruder, der macht, wenn Schulferien ist, macht der Ausland mit den Kindern, schnell fliegen, ja. Dann die sind nicht so hier Disco gehen, oder so was, die andere Land, andere Sprache lernen, Englisch entwickeln, und die andere Welt halt. (…) also der macht das heimlich und seine Weg die Kinder bringen.“ (AIM 1, 27: 900-909)

> In seinen Erzählungen macht der Vater deutlich, dass er alles für seine Kinder tut, damit es ihnen später in Deutschland besser geht. Für die Kinder wird gespart, damit sie sich später eine Wohnung kaufen können und die Kinder sollen die bestmögliche Ausbildung bekommen, daher gehen viele auf das Gymnasium (AIM 1, 26: 875-879). Einerseits bietet Deutschland den Kindern damit ein leichteres Leben mit mehr Bildung und mehr Wohlstand, andererseits bietet es den Kindern nach der Einschätzung der Befragten zu viel Freiheit für eigene Entscheidungen. Um diesem Einfluss zu entgehen, wird den Kindern die „andere Welt" gezeigt, das ist die Welt der Eltern, in der ihr Einfluss noch bestimmend ist.

Der andere Vater erzählt, dass er sich mit Deutschland verbunden fühlt, aber seine kulturelle Identität erhalten möchte und dazu gehört auch, die Kinder auf seine Weise zu erziehen:

> „Ich bin Ägypter und ich bleibe Ägypter. Ich habe meine Gewohnheiten und ich, ich weiß nicht, das auch hier ein bisschen anders in Deutschland, aber ich fühle mich ganz gut und ich kann damit auch ganz gut umgehen (...) das Leben hier ist anders. Ich bin Moslem und ich möchte gerne meine Kinder so auch als Moslem erziehen. Das hindert mich keiner hier, aber das Leben hier ist auch ein bisschen anders. Das ist, aber ich habe auch eine Tochter und zwei Söhne. Und die Mädchen hier haben sehr viele ... viele Richter und die, das wird vielleicht in die Schule auch gesagt da, Du darfst das machen und das machen, aber ich bin ganz tolerant, und die, unsere Vater auch oder mein Vater hat uns gar nichts verboten, aber wir wussten auch unsere Grenzen sozusagen und das möchte ich meine Kinder so weiter geben. (...) ich versuche meine Kinder so zu erziehen, aber das klappt nicht immer. Man muss, die Kinder sind Gott sei Dank noch ganz jung und man muss versuchen. Die Kinder schicke ich auch manchmal so zwei Wochen im Voraus nach Ägypten. Sozusagen vor uns am Anfang der Ferien fliegen sie und wir fliegen so zwei Wochen später, damit sie auch in der Familie da alleine bleiben und die, so auch was erleben, wo wir auch nicht da sind."
> (AIM 2, 12-13: 395-430)

Auch dieser Vater setzt sich mit den unterschiedlichen kulturellen Einflüssen auf seine Kinder auseinander und möchte tolerant sein, wenn es darum geht, was die Schule sagt, aber er möchte den Kindern auch seine Ansichten mitgeben. In beiden Beispielen scheint es, dass die Kultur des Landes, in dem man lebt, die übermächtigere ist und früh etwas aus Sicht der Eltern getan werden muss, damit die eigene Kultur den gleichen oder auch den größeren Einfluss auf die Kinder ausübt.

Man kann aus dem Erzählten nicht ableiten, dass Eltern, die sich für die Gemeinschaft engagieren, aufgeschlossener gegenüber den deutschen Einflüssen auf die Kinder sind, weil auch die beiden Väter in ihrem Stadtteil aktiv sind oder ehrenamtlich mithelfen. Ebenso wenig kann man sagen, dass je nach Religionszugehörigkeit der deutsche Einfluss auf die Kinder mehr oder weniger befremdlich auf deren Eltern wirkt. Sowohl unter denjenigen, die den deutschen Einflüssen aus dem schulischen Umfeld aufgeschlossen sind als auch unter denjenigen, die diesen Einflüssen eher skeptisch gegenüber stehen, lassen sich praktizierende und nicht praktizierende Christen und Muslime sowie ein Hinduist finden.

6.4. Verbundenheitsgefühl und Zugehörigkeit

Der Interviewleitfaden enthält drei Leitfragen zum Thema Verbundenheitsgefühl und Zugehörigkeit zu Deutschland. Alle Befragten antworten auf die Fragen und formulieren konkrete Vorstellungen davon, wie verbunden sie sich fühlen und inwieweit sie das Gefühl haben, dazuzugehören. Die Antworten der Befragten lassen sich in drei Kategorien einordnen. Manchen Befragten fällt es schwer, Beispiele für ihre Gefühle zu finden, andere wiederum finden eine Art Definition von Verbundenheitsgefühl oder Zugehörigkeit. Viele Aussagen beziehen sich darauf, wie das Verbundenheitsgefühl und das Gefühl dazuzugehören entstehen Und es zeigten sich Grenzen, wo die Angst die kulturelle Identität zu verlieren, das Verbundenheitsgefühl und das Zugehörigkeitsgefühl einschränkten. In der folgenden Auswertung der Interviewaussagen werden Verbundenheitsgefühl und Zugehörigkeitsgefühl zusammengefasst, weil beide Begriffe Merkmale von Identifikation sind. Einige Befragte schildern auf die Frage nach der Verbundenheit ihre Gefühle, während auf sie Frage nach der Zugehörigkeit in Zahlengrößen ausdrücken. Aus Sicht der Befragten scheint die Verbundenheit eine emotionale Verfassung auszudrücken, während die Zugehörigkeit einen messbaren Zustand beschreibt.

6.4.1. Persönliche Definitionen der Befragten

Viele der Interviewpartner und -partnerinnen formulieren sehr präzise, wie sich Verbundenheit und Zugehörigkeit für sie anfühlt.

Eine kroatische Befragte, die ein gutes Arbeitsangebot ausgeschlagen hat, weil es bedeutet hätte, dass sie dafür München verlassen muss, formuliert ihre Verbundenheit zu München so:

> „ (…) ich habe nur einmal von Kroatien nach München gekommen und ich kenne nirgendwo außer München (…) von München will ich nirgendwo, nur ins Grab.“ (AIM 3, 10: 475-482)

Weiterhin erzählt sie, dass sie in ihrem Leben viel gereist ist und gerne unterwegs war, aber ihre Zugehörigkeit und Verbundenheit mit Deutschland wird deutlich, wenn sie sagt, dass sie sich in Deutschland zu Hause fühlt, während sie sich in anderen Ländern – Kroatien eingeschlossen – nur als Gast fühlt (AIM 3, 21: 1023-1046).

So wie diese Befragte drücken es noch zwei andere Befragte ihre Verbundenheit zu Deutschland damit ausdrücken, dass sie angeben, in Deutschland sterben zu wollen. So sagt der Befragte aus Sri Lanka:

> „Dann wenn ich da hingehe [Herkunftsland], ich bin Fremde, mir ist Deutschland meine Heimat geworden, bis ich sterbe ich bleibe dann hier.“ (AIM 1, 10: 314-315)

Die Befragte aus der Türkei erzählt von einem Ereignis, dass ihr bewusst gemacht hat, dass sie auf keinen Fall in der Türkei sterben möchte. Auf einer Urlaubsreise in der Türkei bekommt sie einen Herzanfall und wird von türkischen Ärzten behandelt:

> „Dann habe ich gleich gesagt (…) diese Moment habe ich gesagt, ich will nicht hier sterben (…) ich habe zwei Kinder hier, dort habe ich niemanden (…) Hat mich gut gemacht, aber gesagt, sie dürfen nicht Flugzeug nehmen. Mindestens vier, fünf Tage. Vier, fünf Tage ich warte, ob ich sterbe oder nicht. (…) Vier Tage später habe ich gesagt, ich will unbedingt Deutschland, meine Sohn angerufen, gleich Ticket, bin ich in Flugzeug gekommen und wieder schlecht. Flugzeugarzt hat gesagt, sie dürfen … nein, ich will nicht hier sterben, glauben Sie mir wirklich, so habe ich erlebt, niemals vergesse jetzt. (…) Ich habe mich unsicher gefunden, ich bin dort unsicher (…) ich will unbedingt weggehen, hier würde mehr, sicher mehr, weiß nicht, beruhigt wie ich angekommen bin.“ (TGM 1, 20-21: 995-1028)

In Deutschland sterben zu wollen, definiert für diese drei ihre Verbundenheit zu Deutschland.

Ferner sagt die türkische Befragte, dass sie sich mit 60% zu Deutschland zugehörig fühlt und sieht die Vor- und Nachteile in Deutschland wie in der Türkei sehr deutlich (TGM 1, 18-19). Dennoch entscheidet sie sich im Notfall für Deutschland, weil in Deutschland das Gefühl der Sicherheit überwiegt (TGM 1, 21).

Der Befragte aus Sri Lanka formuliert sein Verbundenheitsgefühl so:

> „Also wenn ich hier komme, wie meine Wohnung. Wenn ich in Flughafen reinkomme, dann, alles von der Angst und so was, alles weg ist. (...) Wenn ich hier reinkomme, dann ist alles wie leicht geworden (...) hier ist ganz anders, wenn ich komme, dann so Frieden ist. Wie mein Haus, meine Wohnung." (AIM 1, 11: 341-357)

Die Beschreibung lässt erahnen, dass Deutschland ein Ort von großer Vertrautheit geworden ist, so wie die eigene Wohnung. Die eigene Wohnung symbolisiert einen Ort der persönlichen Freiheit, der Geborgenheit und des Friedens. Sich in einem Land wie in der eigenen Wohnung zu fühlen, drückt nicht nur Vertrautheit mit seiner Umgebung aus, sondern auch Vertrauen in das Land, in Deutschland.
Ein anderer Befragter fühlt sich zu seinem Stadtviertel zugehörig und umschreibt diese Zugehörigkeit als Gefühl, einer großen Familie anzugehören (AIM 2, 17: 568). Die Metapher ‚Familie' drückt ebenfalls Vertrautheit mit der Umgebung und den Menschen aus, aber auch Vertrauen in die Umgebung und die Menschen.

Eine Interviewpartnerin drückt ihre Verbundenheit in einem idyllischen Bild aus, das ihre Ankunft in Deutschland beschreibt:

> „(...) als ich nach Deutschland kam, es war mein Geburtstag, es hat geschneit, es war vor Weihnachten. Wir haben in einem kleinen Städtchen gewohnt, das sehr schön und gepflegt war und wir wohnten nicht weit vom Hauptplatz, wo die Kirche stand, und meine erste Eindrücke – diese Schneeflocken und Glocken von Kirche. Und es war sofort die Liebe vom ersten Blick. Ich hatte mich einfach auf diesen Moment zu Hause gefühlt." (IKM 1, 1: 7-12)

Es ist ihr zwar klar, dass es nicht einfach wird und trotzdem überwiegt die Freude, die durch die Atmosphäre am Ankunftstag ausgelöst wurde. Ihr Gefühl dazuzugehören, beschreibt sie so:

> „(...) Ich fühle mich wohl, ich fühle mich hier zuhause. (...) Ich denke nicht mehr, ob ich dazu gehöre und das ist erste Zeichen, dass ich dazugehöre." (IKM 1, 18: 578-584)

Für viele Befragte bedeutet Verbundenheit, sich in Deutschland wohl, zu Hause oder sicher zu fühlen und akzeptiert zu werden. Während diese Gefühle direkt in Erzählungen benannt werden, werden Assoziationen mit Vertrautheit, Vertrauen und Geborgenheit indirekt durch Metaphern für die Verbundenheit oder durch Erlebnisse ausgedrückt.

6.4.2. Entstehung eines Verbundenheits- und Zugehörigkeitsgefühls

Alle Interviewpartner und -partnerinnen erzählen nicht nur, was es für sie bedeutet, sich verbunden zu fühlen und dazuzugehören, sondern geben auch viele Beispiele dafür, wie dieses Gefühl entsteht. Oft wird ein direkter Bezug zu den Vorerfahrungen im Herkunftsland und den Erlebnissen in Deutschland hergestellt.

So berichtet ein Befragter, der in seinem Herkunftsland Erfahrungen mit Bürgerkrieg gemacht hat, dass es für ihn vor allen Dingen das friedvolle, freie und sichere Leben in Deutschland ist, das ihm ein Gefühl von Verbundenheit gibt:

> „(…) in Deutschland kann ich also jederzeit rausgehen kann, also nichts passieren, immer so Sicherheit, ja? (…) Es ist ein ganz anderer Frieden in diese Land." (AIM 1, 6: 199-200; 7: 237)

Ferner ist die gesetzliche Gleichbehandlung von allen Bürgern und Bürgerinnen ein wichtiger Grund, warum er sich Deutschland verbunden fühlt:

> „Zum Beispiel meine Heimat es ist ganz anders mit der Polizei kann ich hier, also Rechte, kann ich reden, aber in meiner Heimat kann man nicht reden, was die Polizei sagt, muss ich machen. Hier ist die Regierung und die Gesetze ist, mir gut gefallen, also als Mensch hat man Rechte, hat man, hier reden kann." (AIM 1, 1: 14-17)

In Deutschland gelten für ihn die gleichen Rechte wie für alle anderen und er hat Zugang zu den Kernbereichen, wie zum Beispiel Bildung. Jede/r darf studieren, jede/r wird im Krankenhaus behandelt – auch ohne Schmiergeld, jede/r darf den Führerschein machen und vieles mehr (AIM 1, 13-14). Die Erfüllung wichtiger Grundbedürfnisse wie Sicherheit, Friede, Freiheit und Gleichberechtigung stellt eine Verbundenheit zu dem Land her, das all dies bietet.

Für einen anderen Migranten ist es ein Erlebnis in Deutschland, dass ihm das Gefühl gibt, willkommen zu sein und es ihm damit erleichtert, ein Gefühl der Verbundenheit zu entwickeln:

> „(…) so im dritten Semester, hatte ich eine Prüfung, die ich in Jena abgelegt habe, weil wir waren so drei ausländische Studenten aus Münster, wir sind zusammen nach Jena gefahren mit dem Zug. Wir sind da so spät angekommen. Jena war so 1993, nicht so eine schöne Stadt, die Straßen waren noch nicht so in Ordnung und die, es gab keine Hotels. Wir (…) hatten auch keine Adresse oder so was und dann sind wir da angekommen (…) keine Taxis (…) kein Bus und wir wussten überhaupt nicht wohin. (…) wir waren so zwei Männer und

> eine junge Frau und die … wir hatten eigentlich Angst gehabt, weil man hört auch Nazis im Osten (…) war ganz dunkel, dann haben wir eine (..) junge Frau, die so entgegenkam, haben wir sie gefragt, ob sie hier ein Hotel kennt oder eine Pension oder so was. Dann hat sie uns gesagt, ja, komm bitte mit, dann werde ich meinen Vater danach fragen. Dann ihr Vater hat uns auch zu seinem Haus gebeten (…) da hat er uns gefragt, was wir hier wollen und was wir hier machen, wir haben gesagt, dass wir morgen eine Aufnahmeprüfung haben und er hat uns gesagt (..) ihr könnt bei mir übernachten (…) hat uns auch Essen angeboten und wir haben da übernachtet und morgen früh hat er uns begleitet bis zur Uni und … das war so eine wirklich positive Erlebnis, sogar in Ostdeutschland (…) ich kann bis jetzt nicht so das glauben, aber das habe ich selber erlebt (…) das hat halt bewiesen, dass überall gibt es gute und schlechte Menschen." (AIM 2, 3-5: 99-136)

Ferner ist diesem Befragten wichtig, dass er von seinen Mitmenschen – in diesem Fall den Nachbarn und Nachbarinnen – anerkannt wird und das vermittelt ihm das Gefühl von Sicherheit:

> „ (…) es gibt auch viele Aktionen hier (…), wo ich auch so persönliche Einladungen kriege und ich fühle mich wirklich von den Leuten, so akzeptiert und das (…) finde ich es wirklich ganz gut (…) Es gibt man auch so, weiß nicht, das man, Sicherheit, ich fühle mich sicher und deswegen fühle ich mich auch so in einer großen Familie. Ich kenne die Leute und die Leute kennen mich, das ist wirklich ganz gut, ähnlich wie in Ägypten" (AIM 2, 17: 560- 569)

Bei diesem Befragten entsteht das Gefühl von Zugehörigkeit wie in einer großen Familie durch das Gefühl der Sicherheit, die wiederum durch Akzeptanz und soziale Anerkennung der Nachbarschaft vermittelt wird.

Einer anderen Interviewpartnerin wurde durch die Anerkennung der Firma und der Kollegen und Kolleginnen bewusst, dass sie dazugehört:

> „(…) es war vor allem in der Arbeit, in der Firma, in der ich jetzt weiter arbeite, da hatte ich wirklich das Gefühl, dass ich von meinen Kollegen akzeptiert wurde und dass ich wirklich dazugehöre (…) sie haben mir gezeigt, dass sie zufrieden sind und obwohl ich Ausländerin bin, so weißt du, viele Ausländer haben die Erfahrung gemacht (…) Du bleibst Ausländer, Du kriegst wenig Geld, wenn Du irgendwo eingestellt wirst, Du wirst nicht wie die Deutschen bezahlt. Und hier habe ich das Gefühl bekommen, ja, ich bin akzeptiert und ich den Deutschen gleichgestellt." (IKM 2, 17-18: 566-577)

Die Gleichstellung mit den Deutschen und die Wahrnehmung ihrer Fähigkeiten hilft dieser Befragten, sich dazugehörig zu fühlen (IKM 2, 18: 597-609). Die Anerkennung der eigenen Person und die Gleichstellung mit den Mitmenschen sind menschliche Grundbedürfnisse und deren Erfüllung die Voraussetzung, damit ein Gefühl von Zugehörigkeit entstehen kann.

Für eine andere Befragte entstand das Zugehörigkeitsgefühl durch die Unterstützung der Nachbarn:

> „Wie ich erste Kind bekomme, ein Zimmer gelebt (...) nur hier eine Küche, ein Bettcouch für Schlafen, da habe ich eine, nicht eine, mehrere gute deutsche Nachbarin gehabt. (...) Mann hilft mir nicht viel, was mache ich mit meine Kind, ich muss arbeiten (...) keine Erfahrung, ein gute Nachbarin hat gehabt (...) dann hat sie mir geholfen (...) für Sprache für Kind, für Familie, wie ich machen muss, ich arbeite, nur zwei Monate Mutterschutz gehabt (...) deswegen die haben mir geholfen, damals ich war voll zufrieden von den Nachbarin (...) es gibt ältere Oma (...) immer zu ihr gefragt, immer Kind zu ihr gelassen, was ich machen muss, wichtiges (...) habe ich viel Hilfe bekommen von Nachbarin. (...) Damals habe ich gesagt, aha, in Deutschland bin ich noch mehr sicher, habe ich mehr Helfer, mehr Zukunft, also führen, gute Erfahrung hat, hat mir auch geholfen. Diese Moment hat mich voll glücklich gemacht, die Deutsche, kann ich sagen." (TGM 1, 11: 526-558)

Die Befragte hat noch öfter die Erfahrung gemacht, dass sie immer Hilfe von ihren Mitmenschen und Institutionen bekommen hat, wenn sie welche gebraucht hat (TGM 1, 12). Ein wichtiger Faktor für die Entstehung von Verbundenheit und Zugehörigkeit ist zu wissen, dass es verlässliche Hilfestrukturen gibt. Hilfe bedeutet auch, Zuwendung zu bekommen, das heißt die deutschen Nachbarinnen sind auf die Befragte zugegangen und sie hat sich ihnen anvertraut. Aus diesem Aufeinanderzugehen entsteht Verbundenheit und ein Gefühl der Zugehörigkeit. Eine andere Befragte benennt dieses aufeinander zu gehen als ein „Nehmen und Geben"; richtig dazuzugehören heißt für sie, nicht nur zu nehmen, sondern auch zurückgeben zu können (IKM 1, 30: 989-991).

Für diese Interviewte sind es ebenfalls die Beziehungen zu den Mitmenschen, die ihr das Gefühl geben, gebraucht zu werden und dazuzugehören:

> „ Egal in welchem Land, wenn du etwas anbieten kannst, dann wird herzlich willkommen (...) es ist mir gelungen und das war erste wirklich eine bewusste Punkt, wo ich mich nützlich gefühlt habe (...) es geht immer darum, ob man sich realisiert oder nicht, ob man fühlt sich realisierbar oder nicht und von daher ich glaube, das ist der Grund, wo man sich, wo es ist ein Geburtsort oder ein Geburtspunkt von dieser Geborgenheit und Zugehörigkeit. Ob ich etwas anbieten kann und ob jemand mich braucht." (IKM 1, 7: 203-209).

Zugehörigkeit hat aus dieser Sicht etwas mit Selbstverwirklichung und aktiver Teilhabe zu tun. Wenn das Angebot auf der „anderen Seite“ angenommen wird, entsteht das Gefühl von Zugehörigkeit und Geborgenheit.

Es geht um Angebote, die willkommen heißen oder einladen mitzumachen, die das Gefühl von Zugehörigkeit fördern. Die gleiche Befragte erzählt von wichtigen Kleinigkeiten wie Weihnachtsgrüßen vom Arbeitgeber oder Willkommensgrüßen von der Nachbarschaft, die sie und ihre Familie erhalten haben. Für sie sind diese Grüße kleine Schritte, die helfen, das Gefühl von Zugehörigkeit immer weiter zu stärken (IKM 1, 30: 996-1001).

Verbundenheit mit den Deutschen und Deutschland entsteht bei vielen der Interviewten durch die Erfüllung von Grundbedürfnissen, wie Sicherheit und Friede. Die Erlebnisse der Befragten, die dazu geführt haben, dass sie sich zugehöriger fühlen, erfüllen aber auch den Wunsch nach sozialer Anerkennung. Es ist wichtig erkannt zu werden, als Mensch mit Fähigkeiten, Stärken und Schwächen und die Möglichkeit zu haben, sowohl Hilfe anzunehmen als auch zu geben.

6.4.3. Grenzen der Zugehörigkeit

In den Erzählungen der einzelnen Interviewten wird deutlich, dass es Grenzen für die Zugehörigkeit gibt. Diejenigen, die ihre Zugehörigkeit in einer Prozentzahl angeben, zeigen damit, dass es für sie keine hundertprozentige Zugehörigkeit gibt.

So erzählt ein Interviewpartner aus Ägypten, dass er sich zwar verbunden fühlt, aber nicht zu 100 % zugehörig. Er betont, dass er Ägypter ist und bleibt und er sich nicht zu hundert Prozent deutsch fühlen kann (AIM 2, 12: 395-399). Auf die Frage, ob er denn mit dem „nicht zu hundert Prozent zugehörig sein“ zufrieden sei, meinte er:

> „Mehr kann man nicht erwarten, weil wie gesagt, ich bin hier Ausländer und die, ich, das, das sozusagen, das Land, ich kann sozusagen das Land nicht ändern. Das ist so und die Leute leben so und die, ich habe hier auch viele katholische Freunde, evangelische Freunde. Wir gehen, wir gehen wirklich miteinander ganz gut zusammen und es ist gar kein Problem.“ (AIM 2, 14:, 450-453)

Hier zeigt sich ein Widerspruch, denn einerseits ist der Befragte eingebürgert, mit einer deutschen Frau verheiratet und fühlt sich als Moslem nicht als Außenseiter, aber andererseits bleibt er aus seiner Sicht Ausländer und befürchtet, für eine hundertprozentige Zugehörigkeit müsste er seine kulturelle Identität als Ägypter aufgeben. Diese Befürchtung erklärt wiederum, warum er seinen Kindern möglichst viele Eindrücke aus der eigenen Kultur und dem Herkunftsland vermitteln möchte (AIM 2, 12-13: 395-430). Ferner fällt auf, dass er eine hundertprozentige Zugehörigkeit mit vollständigem Deutschsein gleichgesetzt. Voll und ganz Deutschsein lässt jedoch aus der Sicht dieses Befragten keinen Raum für die eigene kulturelle Identität.

Bei einer anderen Befragten, die sich verbunden und zugehörig fühlt, geht es weniger um eine Grenze ihrer Zugehörigkeit, als um Vorurteile der Deutschen gegenüber Angehörigen bestimmter Nationalitäten, die sie wahrnimmt und versucht, zu überwinden bzw. damit zu leben (IKM 1, 13-14):

> „Ich kann es trennen [Vorurteile und Zugehörigkeitsgefühl]. Ich kann es trennen und habe auch das gelernt, es geht nicht um mich und Land, es geht hier um, darum, dass in jedem Land gibt es viele verschiedene Leute mit viele verschiedene Meinungen und ich habe heute diese Erfahrung gemacht, aber morgen ich gehe zu meiner Freundin (…) und sie schätzen meine Art und Weise (…) man muss nicht konzentrieren, das ist auch wieder diese Optimist-Pessimist-Sachen, halbleer oder halbvoll, man muss einfach verstehen, das ist nur ein Glas und da ist eine Menge und wie du das wahrnimmst, das ist schon deine Sache. Es ist Wahrnehmungssache." (IKM 1, 17-18: 564-572).

Sie distanziert sich von den Vorurteilen und versucht sie nicht persönlich zu nehmen und erhält sich auf diese Weise ihr Zugehörigkeitsgefühl zu Deutschland. Jedoch beschreibt sie auch ihre kulturelle Identität als einen „Mantel", den man nicht einfach ausziehen kann (IKM 1, 5). Sie sieht für sich den Weg, sich anzupassen, aber ein Rest bleibt, der nicht veränderbar ist:

> „Wir haben Wurzeln, wir haben schon hinter uns, wir sind nicht als Neugeborene in Land gezogen. Wir sind, wir haben unsere Geschichten schon, jeder von uns (…) Und von daher man kann einfach nicht alles wegschmeißen, es bleibt immer etwas und es ist sehr wichtig, dass man versteht, das bin ich mit meiner Geschichte, mit meiner Kultur (…) aber jetzt bin ich in einem anderen Land (…) und wenn ich richtig (..) leben will in diesem Land, dann muss ich auch an bestimmte Regeln mich unterordnen. (IKM 1, 5: 139-145)

Eine weitere Interviewpartnerin beschreibt die Grenzen für ihre Zugehörigkeit ebenfalls als einen Teil ihres Wesens, den sie nicht ändern will und kann:

> „(…) ich verstehe schon, aber ich kann mich nicht ändern, ich fühle mich schon integriert und ich gehöre schon dazu, aber es gibt Sachen, die ich genauso beibehalten will, wie ich das aus Bulgarien kenne. Und wenn man das so beibehalten will, dann fühlt man sich in bestimmten Situationen nicht immer verstanden. Wenn (..) die andere Seite nicht bereit ist, das zu akzeptieren." (IKM 2, 8: 238-242)

Wenn bestimmte Verhaltensweisen oder Ansichten tief verwurzelt sind und einen Teil der eigenen Identität ausmachen, sind diese oftmals nicht mehr veränderbar. Mangelnde Akzeptanz und Unverständnis von Deutschen machen es schwer, sich trotzdem zugehörig zu fühlen. Das Beispiel der beiden Befragten macht deutlich, dass sie sich verantwortlich fühlen, sich in Deutschland integrieren zu können. Zugehörigkeit braucht jedoch auch die Akzeptanz von kulturellen Unterschieden durch die Deutschen. Wird die Akzeptanz verweigert, bleibt, wie die beiden Frauen beschreiben, immer ein Rest, der nicht zugehörig werden kann. So fühlte sich eine der beiden schon vor die Wahl zwischen ihrer kulturellen Identität oder der Zugehörigkeit zur Familie ihres Freundes gestellt und entschied sich für ihre kulturellen Wurzeln, auf die sie stolz ist und die sie nicht verleugnen möchte (IKM 1, 27: 899-904).

Eine interviewte Türkin erzählt, dass sie sich zu 60 – 70 % zugehörig fühlt, aber nicht sagen kann, warum es keine 100% sind. Einerseits fühlt sie sich in Deutschland sicher und würde auch nicht für ein „Luxus-Leben" in die Türkei zurückgehen wollen, andererseits beschreibt sie, dass sie das türkische Klima besser verträgt und sie in Deutschland bleiben muss, weil sie die Rente sonst verliert (TGM 1, 18: 886-916). Erst die Frage, wie ihr Leben in der Türkei in ihrem Alter aussehen würde, macht deutlich, warum sie sich für Deutschland entschieden hat:

> „Wenn ich dort bin. Ich habe Wohnung, ich bin allein, ich kann nicht überall alleine gehen ohne Partner. Oder mit Bekannte. Jedes Mal Bekannte, das geht auch über Leistung. (…) Wenn ich sage, komme mit mir in Stadt zu fahren, muss ich alles leisten [zahlen]. (…) oder Meer gehen, Meer gehen, man kann nicht alleine Hotel gehen (…)." (TGM 1, 19: 945-956)

So ist im Fall dieser Befragten die Freiheit, die sie in Deutschland gewonnen hat, der Grund, warum sie nicht zurückkehren will. Im Aufwiegen der Vor- und Nachteile beider Länder hat Deutschland einige Vorteile mehr zu bieten, dies bewirkt aber nicht, dass sie sich zu 100% zugehörig fühlen kann.

Der Interviewpartner aus Sri Lanka fühlt sich in Deutschland sehr zugehörig und in vielen Bereichen verbunden. Aber wenn es um die Kindererziehung geht, dann fühlt er sich nach wie vor seiner Heimat und den Ansichten seiner Eltern mehr verbunden (AIM 1, 26). Seine eigene Zugehörigkeit scheint dadurch jedoch nicht eingeschränkt zu werden. Vielmehr scheint es so, dass er trennt zwischen seiner Kultur, die er an die Kinder weitergibt und seiner Zugehörigkeit zu Deutschland. Für die Kinder, deren kulturelle Identität sich in Deutschland entwickeln wird, könnte es schwierig werden, die Ansichten des Vaters, die aus seiner Heimat rühren, in einer deutschen Umgebung nachzuvollziehen.

Die Interviews zeigen, dass sich viele Befragte sehr verbunden fühlen, aber nicht vollständig zugehörig. Ferner wird deutlich, dass viele mit einer 100% Zugehörigkeit zu Deutschland eine Aufgabe ihrer kulturellen Identität verbinden und dies nicht möchten. Es wird aber auch klar, dass eine eigene kulturelle Identität für die Verbundenheit und Zugehörigkeit nicht hinderlich ist, wenn Akzeptanz von den Deutschen erfahren wird.

6.5. Identifikation mit Deutschland

Die Interviews zeigen, dass es unterschiedliche Ausprägungen der Identifikation gibt. Es gibt Werte und praktische Dinge, die wertgeschätzt werden und es gibt Verhaltens- und Lebensweisen, die aktiv übernommen werden. Schließlich gibt es die Identifikation mit einzelnen Personen oder Personengruppen. In den sechs Interviews gibt es insgesamt vier Beispiele, die eine deutliche Identifikation mit „den Deutschen“ oder Deutschland zeigten. Im Folgenden werden nun Beispiele für Wertschätzung, Übernahme und Identifikation gegeben.

6.5.1. Wertschätzung von Werten, Verhaltensweisen und Umgebung

Auf die Frage nach Dingen, die den Interviewten so wichtig geworden sind, dass sie darauf nicht mehr verzichten möchten, werden verschiedene Werte und Verhaltensweisen genannt, die als typisch für die das Zusammenleben in der deutschen Gesellschaft empfunden werden.

Die häufigste Nennung war hier *Ordnung und Sauberkeit*:

> „Mir gefällt jetzt die Ordnung, dass alles nach Gesetzen geregelt ist und jetzt habe ich Probleme in Bulgarien, wenn ich (...) nach Hause fahre gefällt mir einiges nicht. Was zum Beispiel den Schmutz betrifft und das Chaos betrifft, und dass keine Ordnung ist (...) Früher

habe ich gesagt, die Deutschen sind so ordentlich und sie schauen immer auf den Punkt (...), aber jetzt finde ich das super, dass alles geregelt ist und gleich." (IKM 2, 9: 289-295)

„Ordentlichkeit finde ich hier wirklich super in Deutschland." (AIM 2, 10: 326)

„(...) findet man auch die Straßen so ganz schön sauber, geht man auch hier schön im Grünen spazieren." (AIM 2, 10-11: 339-340)

Ja, diese Sauberkeit. Es ist so, man hat es, aber man schätzt es nicht, aber man muss es wirklich." (IKM 1, 11: 343-353)

Ordnung bezieht sich sowohl auf Reinlichkeit und Sauberkeit als auch auf die Einhaltung von Regeln. Die genaue Einhaltung von Bestimmungen, Gesetzen wurde oft als große *Zuverlässigkeit* geschätzt:

„(...) hier mehr menschlich, jeder macht seine Aufgabe, dort nicht, etwas, ungefähr. Das ist sicher (...)." (TGM 1, 21: 1059-1060)

„Zuverlässigkeit ja, eigentlich es ist so die Leute sind sehr zuverlässig." (IKM 1, 11: 356)

„ (...) nur Disziplin hat mich immer hier gefesselt. Das ist viel besser als in Ex-Jugoslawien." (AIM 3, 13: 612)

„In Deutschland ist ganz anders, wenn jemand Schmiergeld gibt, kriegt er Probleme. Aber diese Gesetze sind gut. Der Beamte macht seine Arbeit und dann ist regelmäßig wird alles Arbeit in Ordnung." (AIM 1, 2: 40-42)

Weiterhin wird von drei Interviewten die *Sicherheit* auf den Straßen sehr geschätzt. Hier wurde oft der Vergleich mit dem eigenen Land angestellt:

„Alleine Frau bis 10 oder 11 Uhr kann nicht auf Straße allein (...) hier kann ich hier 10 Uhr rausgehen, rumlaufen (...) bevor Bett gehe, mache ich. Ja, trotzdem. Stadtmitte, Hauptbahnhof, verschiedene asoziale Leute in der Nähe, kein Problem (...) ich habe keine Angst, aber dort man denkt was." (TGM 1, 17: 838-845)

„Sicherheit. Ich schätze es sehr, dass ich um 3 Uhr nachts durch die Straßen gehen kann. Natürlich man muss links und rechts schauen, aber im Grunde genommen mit sehr hoher Wahrscheinlichkeit, du schaffst es nach Hause zu kommen." (IKM 1, 11: 343-353)

„Es ist ein ganz anderer Frieden in diese Land." (AIM 1, 7: 237)

> „(…) mir gefällt Deutschland, als ich will nicht von Deutschland weggehen. Also meine Heimat ist sowieso meine Sicherheit.“ (AIM 1, 2: 51-52)

Zwei der Befragten heben insbesondere die *Natur* und die *Berge* hervor, auf die sie nicht mehr verzichten wollen:

> „Seitdem ich nach Deutschland gekommen bin, wohne ich hier in München und ja, die Alpen (…) die bayrischen Alpen vor allem und ich kann mir nicht vorstellen, dass ich irgendwo im Norden wohnen könnte. (…) Die Berge, ja. Die sind die, wie ich sage, die Rettung für mich manchmal, wenn es mir in Deutschland zu viel wird.“ (IKM 2, 1: 15-29)

> „Und Natur, sehr gepflegte Natur. Ja, das würde ich sogar an erste Platz, sehr gepflegte Natur, weil der sehr … Gebirge, alles, also das sehr wichtig.“ (IKM 1, 11: 353-355)

> „ (…) und dann bin ich zu Fuß – das ist schönste – Sendlinger Tor, Isartor, Stachus und Odeonsplatz. Diese … diese Kreis. Jede Haus, jede Tür alles kenne ich. Das ist mein Reichtum geworden, wenn ich in München bin (…) ich gehöre hier und fertig.“ (AIM 3, 11-12: 557-560)

Auch die *öffentlichen Verkehrsmittel* werden von zwei Interviewten als sehr zuverlässig und schnell geschätzt.

> „Und ich schätze sehr, ja es klingt ganz lächerlich vielleicht, aber ich schätze es sehr, diese öffentliche Verkehrsmittel. Man hat es und man schätzt es nicht, aber man muss auch überlegen, was für ein Luxus ist das, in solche Zustand und so pünktlich immer erreichbar, überall.“ (IKM 1, 11: 345-349)

> „Hier Verkehrsmittel besser, besser als in meine Heimat (…) zum Beispiel wenn ich 10 km braucht man vier, fünf Stunden. Hier ist es 10 Minuten oder schneller.“ (AIM 1, 6-7: 201-210)

Schließlich ermöglicht der deutsche Pass für manche Befragte mehr *Reisefreiheit* als früher:

> „(…) wenn deutsche Pass habe, manche Länder kein Visum brauche ich nicht (…) und jetzt kann, morgen will ich fliegen, dann kann ich gleich fliegen kann, ja. Wie ein Deutscher.“ (AIM 1, 17: 558-559)

> „(…) das hat über drei Monate gedauert, bis wann ich diese Visum bekommen habe auf jugoslawische Pass. Und ich glaube, das war auch für meine Mann diese erste, wie soll man sagen, Punkt, dass er gesagt hat, jetzt will ich, dass ihr deutsche Pass bekommt.“ (AIM 3, 16: 781-784)

Für alle Befragten gibt es einen oder mehrere Werte, die sie in Deutschland schätzen gelernt haben. Für manche gibt es auch praktische Dinge des Lebens wie Verkehrsmittel oder Reisefreiheit, die sie gerade durch den Vergleich mit ihrer Heimat schätzen. Die Landschaft hat für zwei Interviewpartnerinnen eine große Bedeutung.

6.5.2. Übernahme von Verhaltensweisen

Hier werden alle Verhaltens- und Lebensweisen zusammengefasst, die die Migranten und Migrantinnen in Deutschland kennen gelernt und in ihr eigenes Verhaltensrepertoire aufgenommen oder als ihre Lebensweise übernommen haben. Die Vielfalt der übernommenen Verhaltens- und Lebensweisen ist groß und wird hier in einem Überblick dargestellt:

Ordentlich sein:

„Ordnung. Ja, die deutsche Ordentlichkeit ist wirklich hervorragend und die, ja, und früher war ich total wurschtlich und mit der Zeit bin ich ordentlicher geworden (…) Das finde ich hier sehr positiv." (AIM 2, 10: 314-319)

Grüßen wie in Deutschland:

„Alle erste Deutsche sagt Grüß Gott. Wir haben nie. Kann man nicht sagen, unbekannt.(…) Das war für mich auch eine Neuigkeit, gut, intelligent, ich das das ganz gut. (…) Jetzt mache ich selber." (TGM 1, 16: 787-798)

Feste feiern:

„(…) wir feiern gern auch Weihnachten, weil wir da auch Geschenke bekommen." (AIM 2, 26: 865-866)

„Faschingsfest. Bei uns gibt es auch viel Feste (…) aber Faschingsfest war ganz gut. Marienplatz war, fängt ja von Giesing Bahnhof Anfang (…) zu Fuß gegangen, immer bis Marienplatz gelaufen. Mir so gut gefallen. Ich gehe immer mit Kinder auch, wo gibt es Fest, immer gegangen. (…) Das hat mir Faschingfest gut gefallen, Salvatorkeller in der Nähe." (TGM 1, 15: 752- 757)

„Also Weihnachten ich feiere mit den Kindern wie hier wie eine deutsche Familie wie feiert. Weihnachtsbaum und die Geschenke, also die Kinder leben wie hier genau Kultur." (AIM 1, 35: 1166-1167)

„Und Weihnachten und Ostern, diese sehr oft Feiertage, für mich, für meine Ansicht war das sehr oft (…) Für mich ist das viel zu viel Feiertage. Und jetzt ich verstehe das so und ich finde, das ist sehr intelligent so Lebenslauf umgestalten. Diese klare Struktur, die gibt Zeit einfach zum Überlegungen (…) Und das hat mir sehr gut gefallen, was ich übernommen habe. Also ich würde sagen, diese Strukturierung, Liebe für diese kleine Schönheiten, Stückchen ja, und Ruhe, diese innerliche Ruhe, obwohl viele klagen, dass sie das nicht haben (…) aber im Vergleich zu verschiedenen anderen Nationalitäten (…) man sieht Unterschied." (IKM 1, 10: 311-325).

Zur Wahl gehen:

„Ich konnte nicht das ertragen, wir können nicht [wählen], 1980 wir haben deutsche Staatsbürgerschaft, 21 Jahre nicht wählen gehen und mich hat es sehr, sehr … sie müssen dort in Organisation als Jugend dort sein (…) wenn dort Wahlen waren, wissen Sie, für Tito und dann mussten wir von Tür zu Tür klingeln gehen und sagen, Sie müssen jetzt zur Wahlen gehen. Und nächste Tag, wenn die gesagt haben, dass 99% sind alle Leute zu Wahlen gegangen und ist Tito mit 99% ausgewählt worden und so, war keine andere Kandidat gewesen, und ich weiß, dass ich muss klingeln gehen, dass ich den Leuten sagen, „Sie gehen zur Wahl". Das hat mich sehr gestört. Das dürfen Sie nicht sagen, das habe ich erst hier." (AIM 3, 13: 639-651)

Es zeigt sich im Vergleich, dass mehr Verhaltensweisen geschätzt werden, als dann tatsächlich übernommen werden. Eine Verhaltensweise zu übernehmen, bedeutet, sie als eine Ergänzung oder Bereicherung zum bisherigen Verhalten wahrzunehmen und bewusst anzuwenden. Das neue Verhalten wird so ein integraler Teil der eigenen Person und ist nicht mehr wegzudenken. Der Übergang zur Identifikation ist fließend.

6.5.3. Identifikation mit deutschen Personen oder Gruppen

Während Verhaltensweisen übernommen werden, geht es im Folgenden um die Identifikation mit einer Person oder Gruppe, das heißt, es geht nicht nur darum, etwas so zu machen wie jemand anderes, sondern auch so sein zu wollen, wie jemand bestimmtes. Von den Befragten werden nur wenige Beispiele genannt, die unter diese Kategorie fallen.

Eine Befragte ist nach der Wahl Willy Brandts zum neuen Bundeskanzler stolz, dass er es geschafft hat. Es ist nicht ersichtlich, dass sie so sein möchte wie er, aber sie kann sich mit seinen Motiven und Idealen gleichsetzen, das heißt identifizieren:

> „(...) wir sind immer, kann man sagen, SPD war immer unsere Partei und ob das jetzt gut ist oder nicht. 69 war Brandt gewählt und ich bin ganz stolz (...) Abo gehabt und bin ich runter gegangen in Briefkasten, um zu holen und habe das stolz gelesen.“ (AIM 3, 14: 673-677)

Deutlicher wird es bei der gleichen Befragten, wenn sie erzählt, dass sie es nicht zulässt, wenn Deutsche schlecht gemacht werden. Sie setzt sich emotional mit den Deutschen gleich, fühlt sich genauso angegriffen und reagiert sehr aufgebracht:

> „Und ich lasse auch nicht dazu kommen, dass jemand Deutschland schlecht macht. Wissen Sie, wenn jemand sich beschwert über die Deutschen, wissen Sie was ich sage, ich sitze mit ihm und schaue ihm in Gesicht und ich frage ihn, so: ‚Bist Du mit Zwang nach Deutschland gekommen oder bist Du freiwillig gekommen? Gefällt Dir nicht, Du kannst immer zurückgehen, ich kein Wort hören.'“ (AIM 3, 29: 1418-1422)

Ein anderer Interviewpartner identifiziert sich mit den Deutschen und fühlt sich persönlich angegriffen, wenn jemand etwas gegen die Deutschen sagt:

> „(...) wenn ich in Ausland gehe, ich bin sozusagen eine Deutsche. Oder wenn ich nach England, das erste Mal die Polizei sieht, ah, die sind Deutsche (...) dann habe ich selber Gefühl, ah, ich bin Deutsche, ja. Also wenn er gegen Deutsche etwas redet, dann mit mir, dann tut das weh, also ich bin selber Deutscher, das ist meine Heimat. Also ich will nicht hören, die sind schlecht oder so was. Aber zum Beispiel beim Fußballspiel, ja, wenn Deutschland gegen andere spielt, also ich bin Deutscher. Wenn Deutschland verliert, ich bin so traurig.“ (AIM 1, 15: 496-505)

Ein weiteres Beispiel macht deutlich, dass auch das Äußere eine wichtige Rolle bei der Identifikation spielt:

> „Wahlen, wenn alle Leute hingeht zu Wahlen, dann ich war letzte Jahr, meine Frau und ich zusammen zum wahlen gegangen. Da habe ich gefühlt, ich bin auch ein Deutscher, ich kann auch wahlen. (...) viele Ausländer dort auch da, die sind auch Deutsche. Andererseits keine Ausländer, die sind auch Deutsche, ja. Dann habe ich auch Gefühl, ich bin auch Deutscher.“ (AIM 1, 16: 532-541)

Bei diesem Befragten wird deutlich, dass er sich durch seine dunkle Hautfarbe äußerlich nicht leicht mit den Deutschen gleichsetzen kann. Aber er kann sich problemlos mit den anderen eingebürgerten Deutschen gleichsetzen, die für ihn als eingebürgerte Ausländer und Ausländerinnen erkennbar sind. Er teilt mit ihnen das Aussehen und das Recht zu wählen und kann sich mit dieser Gruppe der Eingebürgerten sofort identifizieren. Es kann aus diesem Beispiel geschlussfolgert werden, dass ein unterschiedliches Äußeres die emotionale Gleichsetzung mit den Deutschen verzögert, aber dass ein ähnliches Äußeres die emotionale Gleichsetzung mit zum Beispiel der Gruppe eingebürgerter Deutscher intensiviert.

6.6. Wünsche an „die Deutschen"

Jeder der Befragten nennt einen oder mehrere Aspekte, die er oder sie sich von den Deutschen wünschen würde. Viele Wünsche beziehen sich auf die persönlichen Erfahrungen mit einzelnen Deutschen. Diese Einzelkontakte bilden die Basis für die folgenden Wünsche an „alle" Deutschen.

So wünscht sich ein Befragter, der anfangs mit dem Erlernen der Sprache Schwierigkeiten hatte, dass es mehr Unterstützung für das Erlernen der Sprache geben sollte, zum Beispiel indem Deutsche Informationen dazu geben, wo Migranten oder Migrantinnen Deutsch lernen können (AIM 1, 22: 739; 22-23: 743-748). Zu dieser Hilfe zählt auch, jemanden zu korrigieren, wenn er oder sie etwas nicht richtig ausspricht oder ein falsches Wort verwendet (AIM 1, 24: 781-783).

Um seine Angst bei Polizeikontrollen oder Ämtergängen zu verlieren, hätte es ihm geholfen, wenn ihn jemand begleitet oder bestimmte Abläufe erklärt hätte:

> „Wenn eine Fremde kommt zum Beispiel jetzt herkommt, wenn jemand mir erzählt, hier ist Polizei nicht so, Du brauchst keine Angst, hier machen sie ab und zu Kontrolle, Sicherheitskontrolle, da braucht Du nicht sagen, nur Ausweis zeigen, dann wäre meine Herz ein bisschen ruhiger, ja." (AIM 1, 20: 670-673)

Auch das gemeinsame „Durchstehen" und für den anderen da sein wäre in angstvollen Situationen sehr wünschenswert (AIM 1, 24: 810-817).
Ein weiterer Interviewpartner wünscht sich mehr Interesse an den Migranten und Migrantinnen und ihrer Lebensweise sowie mehr Einfühlungsvermögen in die Situation in einem fremden Land zu leben (AIM 2, 19: 614-619). Weiterhin ist ihm Verständnis wichtig für Fehler, die die Migranten und Migrantinnen am Anfang machen:

> „(...) dass die Leute auch ein bisschen mehr Verständnis für die Ausländer haben. Am Anfang, wenn nicht alles richtig können, dass sie am Anfang nicht die Gewohnheiten hier auch irgendwie auch akzeptieren können. Mehr Verständnis für die Ausländer." (AIM 1, 19: 627-629)

Außerdem wünscht er sich, dass die Deutschen freundlicher und kontaktfreudiger werden (AIM 2, 20: 661-665).

Eine der Interviewpartnerinnen wünscht sich, dass die Deutschen sich nicht durch ihre nationalsozialistische Vergangenheit und aus Angst, ausländerfeindlich angesehen zu werden, davon abbringen lassen, heute an die Migranten und Migrantinnen Forderungen zu stellen, wie zum Beispiel die Sprache ausreichend zu erlernen (AIM 2, 26-27: 1314-1335).

Eine Befragte wünscht sich gezielte Informationen zum Bildungs- und Gesundheitssystem, am besten sofort nach der Einreise. Sie kann sich mehrsprachige Broschüren beim Kreisverwaltungsreferat vorstellen (IKM 1, 19-20: 620-671). Ein wichtiges Anliegen ist ihr, dass die Integration bereits in den Kindergärten gefördert wird, da sie der Meinung ist, dass Kinder neue Verhaltensweisen und Ideen viel leichter annehmen als Erwachsene und so gegenseitiges Verständnis und Achtung erlernt werden könnten (IKM 1, 20: 675; 28: 915-944; 24: 798-802). Sie wünscht sich mehr Angebote für Eltern mit Migrationshintergrund in den Kindergärten und möchte den Eltern so Kontaktmöglichkeit zu anderen Müttern und Vätern bieten, aber auch eine Gelegenheit, sich nützlich zu machen und eigenes Wissen weiterzugeben (IKM 1, 20: 676-711). Vom einzelnen Deutschen wünscht sie sich mehr Offenheit, Aufmerksamkeit und Initiative im Umgang mit Migranten und Migrantinnen (IKM 1, 27: 902-905). Es ist ihr wichtig, dass der Einzelne nicht nur an sich denkt, sondern auch an das Wohl der anderen, denn dies sichert langfristig das friedliche und sichere Miteinander:

> „(...) auch Verständnis dafür haben, das sind Mitmenschen. Das sind nicht nur irgendwelche Mitbewohner, das sind auch Mitmenschen und von daher, wie die sich fühlen (...) hängt auch meine eigene Zukunft ab. Wenn man kosmopolitisch denken wird, dieses Zusammenhang versteht, dann wird man auch mehr über Nachbarn kümmern nur aus, nur damit man eigene Sicherheit irgendwie festigen kann." (IKM 1, 27: 905-910)

Eine andere Interviewpartnerin wünscht sich, dass die Deutschen nicht gleichgültig sind, sondern helfen, wenn jemand Hilfe braucht (TGM 1, 22: 1084-1085). Sie hat selbst schon einmal Hilfe gebraucht, aber sie hat die Erfahrung gemacht, dass sich keiner interessiert und alle wegschauen (TGM 1, 22: 1112-1115). Sie wünscht sich deshalb:

> „Mehr einmischen oder mehr achten, mehr helfen, mehr dabei sein (...).“ (TGM 1, 23: 1125)

Sie fasst ihre Wünsche nach beständigem Kontakt, Unterstützung und Freundlichkeit zusammen und wünscht sich von den Deutschen mehr Menschlichkeit (TGM 1, 23-24: 1130-1217).

Ähnlich formuliert es eine weitere Befragte, die sich von den Deutschen wünscht, dass sie ihre Gefühle mehr nach außen hin zeigen (IKM 2, 22: 716-720). Sie nennt das, was ihr fehlt „Wärme“ und beschreibt es als Aufgeschlossenheit und die Bereitschaft, auf die Migranten und Migrantinnen zuzugehen (IKM 1, 22: 740-742; 26: 861). Ferner wünscht sie sich auch, dass sich die Deutschen mehr Mühe geben, die Migranten und Migrantinnen ohne Vorurteile kennen zu lernen und zu verstehen (IKM 1, 27: 892-904; 30: 990-994).

Es fällt auf, dass sich die Wünsche in zwei Kategorien aufteilen lassen. Einige Wünsche beziehen sich auf konkrete Verhaltensweisen der Deutschen. Sie sollen mehr und früher Informationen geben, Interesse zeigen, Abläufe erklären und Integrationsangebote machen. Viele der anderen Wünsche beziehen sich mehr auf das Wesen der Deutschen. Sie sollen offener und aufgeschlossener werden, den Kontakt mit den Migranten und Migrantinnen von sich aus suchen, nicht nur erklären, sondern auch dabei sein und mitfühlen und „menschlicher“ werden, das heißt Mensch sein, emotional greifbarer und präsenter sein.

Nachdem nun die Ergebnisse der Interviews vorgestellt wurden, sollen sie nun im nächsten Abschnitt in Bezug auf die Forschungsfrage und die Hypothesen interpretiert werden.

7. Die Interpretation der Ergebnisse

Es wurden für diese Untersuchung drei Hypothesen aufgestellt, die im Folgenden mit Hilfe der theoretischen Konzepte und anhand der ausgewerteten Ergebnisse überprüft werden sollen. Der erste Teil der Forschungsfrage, welche individuellen und subjektiven Erfahrungen es von Migranten und Migrantinnen in Bezug auf ihre persönliche Identifikation und das eigene Zugehörigkeitsgefühl in Deutschland gibt, konnte mit der Präsentation der Ergebnisse ausführlich dargestellt werden. Die Ergebnisse werden in einem nächsten Schritt für die Überprüfung der Hypothesen herangezogen. Im zweiten Teil der Forschungsfrage soll geklärt werden, ob sich aus den Erfahrungen auch allgemeingültige und neue Indikatoren für Identifikation bilden lassen. Und schließlich werden in Bezug auf den dritten Teil der Forschungsfrage die Anregungen für die Aufnahmegesellschaft aus den subjektiven Erfahrungen der Migranten und Migrantinnen und aus den Wünschen an „die Deutschen" aufgeführt werden.

Hier sei angemerkt, dass die Wünsche an „die Deutschen" auf persönlichen Erfahrungen der Befragten und Einzelkontakten zu Deutschen basieren. Die Interviewpartner und -partnerinnen wurden aufgefordert, auf der Basis ihrer Erfahrungen Wünsche an die Allgemeinheit zu richten, jedoch soll dies nicht suggerieren, dass alle Deutschen gleich sind oder sich in den Beispielen der Befragten gleich verhalten hätten.

7.1. Überprüfung der Hypothesen

Im Folgenden werden die drei Hypothesen nochmals kurz vorgestellt und überprüft, inwieweit ihre Aussage durch die gefundenen Ergebnisse verifiziert oder falsifiziert wird. Bei den genannten Beispielen handelt es sich um Erzählungen, die bereits im Präsentationsteil unter Angabe der Quelle zitiert wurden und hier deshalb nur noch mit dem Hinweis auf das jeweilige Kapitel versehen sind.

Hypothese 1

Die Hypothese lautet, wenn es für Migranten und Migrantinnen und Deutsche viele Kontaktmöglichkeiten unter bestimmten Bedingungen gibt und diese auch wahrgenommen werden, dann fördert dies das Zugehörigkeitsgefühl der Migranten und Migrantinnen. Ferner soll herausgearbeitet werden, welche Bedingungen aus Sicht der

Migranten und Migrantinnen für eine positive Kontaktaufnahme gebraucht werden, damit diese ihr Zugehörigkeitsgefühl stärkt.

Zuerst kann festgestellt werden, dass von den Migranten und Migrantinnen Kontakt als eine Voraussetzung für ihre Zugehörigkeit angesehen wird. Sie brauchen ihn, um die Sprache zu erlernen und um sich das Wissen und die Kompetenzen, die nach Esser für die Kulturation erworben werden müssen, anzueignen (2.6). Kontakt mit Deutschen und mit Deutschland ermöglicht es den Migranten und Migrantinnen zum Beispiel, Werte wie Sicherheit und Freiheit wieder zu erlangen und nach ihnen zu leben sowie soziale Anerkennung zu bekommen (6.1.2) Ursprünglich besagt die Kontakthypothese, dass der Anteil der Migranten und Migrantinnen an der Gesamtbevölkerung nicht zu niedrig liegen sollte, damit für die Deutschen ausreichend Gelegenheit besteht, Kontakt herzustellen. Hier interessiert jedoch, ob die Migranten und Migrantinnen genügend Gelegenheit haben, Kontakt zu Deutschen herzustellen. Bei keinem der Teilnehmer oder Teilnehmerinnen kann die von Esser beschriebene und gerade für die erste Generation typische Segmentation festgestellt werden. Alle Befragten leben nicht auf ihre ethnische Gruppe beschränkt, sondern in kulturell gemischten Stadtvierteln mit ausreichend hohem Anteil an Deutschen (4.5). Bei den befragten Migrantinnen und Migranten ist aus ihrer Sicht sowohl Bereitschaft als auch Gelegenheit für Kontakt mit den Deutschen gegeben. Diese Bereitschaft spiegelt sich unter anderem in den Handlungsstrategien der Befragten nieder (6.2). Ihre Strategien sind darauf ausgerichtet, den Deutschen mit Offenheit, Neugier, Toleranz oder Anpassungsfähigkeit zu begegnen. Unterstützung, Begleitung, Aufgeschlossenheit und Kontaktfreudigkeit sind die Anliegen an die Deutschen, die den Wunsch nach Kontakt widerspiegeln (6.6).

Da keine Deutschen befragt wurden, kann nur indirekt über die Erzählungen der Befragten eine Aussage darüber getroffen werden, ob die Deutschen Bereitschaft zeigen und Gelegenheit haben, Kontakt mit Migranten und Migrantinnen herzustellen. So deuten die Wünsche der Befragten im Umkehrschluss auf mangelnde Bereitschaft der Deutschen hin, auf die Migranten und Migrantinnen zuzugehen. Es fehlt den Deutschen demnach noch an Interesse und Verständnis für die Situation der Migranten und Migrantinnen und sie strahlen noch zu wenig Offenheit und Wärme aus (6.6). Es kann aber auch von den vielen Beispielen, die von den Befragten genannt werden, auf eine gewisse Bereitschaft der Deutschen geschlossen werden, Kontakt zu bekommen. Da gibt es die aufgeschlossenen Nachbarn, die spontan Fragen beantworten und bei der Kinderbetreuung helfen, Schulkameraden, die zum Spielen auffordern, unterstützende Lehrer und Lehrerinnen und gastfreundliche Menschen in einer fremden Stadt (6.3.1; 6.3.2; 6.4.2). Migranten und Migrantinnen wünschen sich aus ihrer Sicht mehr Kontakt zu den Deutschen, geben aber an, dass die Deutschen noch zu wenig signalisieren, dass sie auch mehr Kontakt haben wollen. Demnach könnte die Kontaktbereitschaft der Migranten und Migrantinnen höher eingeschätzt werden, als die der Deutschen. Da sich die Beispiele auf eine sehr kleine Auswahl von Migranten und Migrantinnen und Deutschen beziehen, kann daraus allenfalls eine Tendenz abgeleitet werden.

Weiterhin muss berücksichtigt werden, dass der Kontakt unter bestimmten Bedingungen stattfinden muss, damit er die Zugehörigkeit der Migranten und Migrantinnen fördern kann. So kann das Zusammentreffen mit Deutschen unter ungünstigen Bedingungen die Entwicklung des Zugehörigkeitsgefühls behindern, wie das Beispiel in der Bäckerei zeigt. Die Befragte wird so wenig wertschätzend behandelt, dass sie verstehen kann, wenn sich manche Migranten und Migrantinnen nach einem Erlebnis dieser oder ähnlicher Art nicht mehr trauen, Kontakt aufzunehmen (6.3.2). Hier sind die Bedingungen schlecht, weil es bei der deutschen Verkäuferin an Verständnis für die besondere Situation der Migrantin fehlt. Ebenso ist hier das Beispiel der bulgarischen Studentin zu nennen, der es nicht gelingt, Kontakt zu den deutschen Mitstudenten und -studentinnen aufzubauen, weil es keine Gemeinsamkeiten gibt (6.3.1). Hier sind die Kontaktbedingungen ebenfalls ungünstig, weil die deutschen Studenten und Studentinnen nicht dieselben Probleme wie die bulgarischen Studenten und Studentinnen haben; sie haben mehr Zeit und mehr finanzielle Sicherheit. Andere Beispiele zeigen jedoch, dass gute Erfahrungen im Kontakt mit den Deutschen das Zugehörigkeitsgefühl fördern. Dies belegt unter anderem die Erzählung des Interviewten aus Sri Lanka, der mit der deutschen Polizei gute Erfahrungen macht und so seine Angst überwinden kann (6.1.1). Hier sind die Bedingungen für den Kontakt gut, denn die Polizei klopft ihm auf die Schulter und sagt ‚wir sind auch Menschen' und das beruhigt ihn und bestärkt ihn in seinem Zugehörigkeitsgefühl, weil er aus seiner Sicht gerecht behandelt wird (6.4.2). Ein anderer Befragter erlebt große Gastfreundlichkeit in Ostdeutschland und dies fördert sein Vertrauen in die Deutschen (6.4.2). Obwohl in seinem Beispiel die Bedingungen für die Kontaktaufnahme eher sehr schwierig sind, reagieren die Deutschen sehr spontan und aufgeschlossen.

Die erlebten sowohl förderlichen als auch ungünstigen Kontaktbedingungen geben Aufschluss, wie die Bedingungen für die Kontaktaufnahme im Idealfall aussehen könnten. Die Bedingungen, die in der Kontakthypothese als erforderlich gelten, sind Begegnungen auf gleicher Augenhöhe, die Verfolgung gemeinsamer Ziele, die Unterstützung des Kontakts durch anerkannte Autoritäten oder Normen, sowie ausreichend Gelegenheit. Es konnte bereits gezeigt werden, dass Gelegenheit auf beiden Seiten besteht. Einige der erzählten Situationen beschreiben Kontakte zwischen Menschen von unterschiedlichem Status. Begegnungen mit der Polizei, auf Ämtern und mit der Schule oder an der Universität finden nicht auf gleicher Augenhöhe statt. Dennoch gibt es gute Erfahrungen, die die Zugehörigkeit gefördert haben, wie zum Beispiel der Kontakt mit der Polizei und auf dem Amt (6.3.1 und 6.3.2). Die Erfahrungen mit der Schule und den Lehrern und Lehrerinnen verliefen für die Befragten sehr unterschiedlich (6.3.2) Die geschilderten Begegnungen zwischen Nachbarn und Nachbarinnen, Studenten und Studentinnen, deutschen Ladenbesitzern und –besitzerinnen oder mit anderen Eltern fanden dagegen auf gleicher Augenhöhe statt. Jedoch gibt es hier sowohl gute als auch schlechte Erfahrungen, so dass zum Beispiel daraus nicht geschlossen werden kann, dass das Zugehörigkeitsgefühl wächst, wenn Kontakte auf gleicher Augenhöhe stattfinden oder – umgekehrt – sinkt, wenn Kontakte nicht auf gleicher Augenhöhe stattfinden. Hier muss auch beachtet werden, dass sich durch mangelnde Sprachkenntnisse auch Kontakte auf der gleichen Statusebene zu Ungunsten der Migranten und Migrantinnen verändern können, denn die Deutschen haben einen Wissensvorteil wie beispielsweise die Verkäuferin in der Bäckerei, die diesen Vorteil auch ausspielt.

Gemeinsame Ziele als Bedingung für einen förderlichen Kontakt werden von den Befragten kaum angesprochen. Nur eine Interviewpartnerin benennt direkt, dass gleiche Lebensbedingungen und die gleichen Probleme den Kontakt zwischen Studenten und Studentinnen erleichtern würden (6.3.1). Die Beispiele, die genannt werden, zeigen

dennoch gemeinsame Ziele. Die Unterstützung beim Erlernen der Sprache hat das gemeinsame Ziel, dass der oder die Betroffene Deutsch lernt. Begegnungen im Laden haben das Ziel, das ein Ver-/Einkauf zustande kommt. Lehrer und Lehrerinnen haben genau wie die Eltern die Förderung der Kinder zum Ziel. Die Problematik ist, dass diese Ziele oft nicht gemeinsam vereinbart werden, so dass es unterschiedliche Interpretationen geben kann, was erreicht werden soll und das sorgt für Konflikte. So hat die Lehrerin im Beispiel der befragten Mutter ein anderes Ziel für das Kind vor Augen als die Mutter. Daher ist die Unterstützung durch Normen oder Autoritäten wichtig sowie der Austausch unter den Beteiligten, damit ein Einverständnis über den Umgang miteinander und das gemeinsame Ziel erreicht werden kann. Auch hier ist es für Migranten und Migrantinnen schwieriger, da sie diese gemeinsamen Normen, die die Bewohner und Bewohnerinnen des Aufnahmelandes teilen, nicht oder nicht ausreichend kennen. Hier zeigt sich die Wichtigkeit der Handlungsstrategien einiger Befragter, wie das Erlernen von Regeln oder von Anpassungsfähigkeit, um möglichst schnell Gemeinsamkeiten herzustellen (6.2).
Was die erweiterte Kontakthypothese anbetrifft, können aus den Interviews keine Erkenntnisse gewonnen werden, ob Intergruppenkontakte erfolgreicher sind als Einzelkontakte.

Die Hypothese wird durch die Analyse verifiziert, jedoch sind die optimalen Bedingungen für einen Kontakt, der das Zugehörigkeitsgefühl von Migranten und Migrantinnen fördert, oft nicht gegeben, so dass es zu negativen Erfahrungen kommen kann, die jedoch bei keinem oder keiner der Befragten zu einem Rückzug von den Deutschen geführt haben.

Hypothese 2

Je weniger Unterschiede auf der strukturellen und sozialen Ebene zwischen der eigenen Person und den Mitgliedern der Aufnahmegesellschaft von dem Migranten oder der Migrantin wahrgenommen werden, desto mehr kann er oder sie sich zugehörig fühlen und je mehr kulturelle Unterschiede akzeptiert werden, desto eher kann sich der Migrant oder die Migrantin zur Aufnahmegesellschaft zugehörig fühlen und mit Aspekten der Aufnahmegesellschaft identifizieren.

Der erste Teil der Hypothese basiert auf Essers Modell der Sozialintegration. Demnach gehen der Identifikation die soziale Platzierung und die Interaktion als emotionale Platzierung voraus (2.6). Die Platzierung auf einer bestimmten sozialen Position in der Gesellschaft hängt von der sozialen Akzeptanz der Migranten und Migrantinnen in dieser Gesellschaft ab (2.6). Wie die Interviews zeigen, ist den Interviewpartnern und -partnerinnen die soziale Anerkennung sehr wichtig (6.1.2). Soziale Anerkennung wird den Befragten in der Nachbarschaft gegeben, bei der Wahl zum Elternbeirat in der Schule oder durch den Arbeitgeber, der den Migranten und Migrantinnen den gleichen Lohn wie den Deutschen zahlt. Arbeit ist für mindestens zwei Befragte ein wichtiger instrumenteller Wert in ihrem Leben. Die Positionierung in der Gesellschaft durch eine Arbeit ist eine Voraussetzung, um das Grundbedürfnis nach Sicherheit und Freiheit befriedigen zu können (6.4.2). Migranten und Migrantinnen messen ihren sozialen Status in der Gesellschaft auch daran, ob es eine gleiche Verteilung von Rechten und Pflichten gibt. Akzeptanz kann demnach nur der erwarten, der auch seine Rechte und seine Grenzen kennt (6.1.3). Zugehörigkeit entsteht durch die gesetzliche Gleichbehandlung der Bürger und Bürgerinnen, die wiederum Grundbedürfnisse nach Sicherheit, Freiheit und Friede sichert (6.4.2).

Wie die Befragten ihr Verbundenheitsgefühl definieren, zeigt, dass sie sich emotional in der deutschen Gesellschaft platzieren konnten. Sie vergleichen ihr Zugehörigkeitsgefühl zu Deutschland mit der Vertrautheit der eigenen Wohnung oder mit der Zugehörigkeit zu einer großen Familie (6.4) Die Interviews zeigen, wie wichtig es den Interviewten ist, die Sprache zu erlernen. Dies entspricht Essers Auffassung, dass eine emotionale Platzierung nur über vertrauensvolle Beziehungen erfolgt, für die ausreichende Sprachkenntnisse notwendig sind (6.3.2). Das Beispiel der türkischen Mutter, die Hilfe bei der Kinderbetreuung erfährt, zeigt, dass es sich um langjährige und vertrauensvolle Beziehungen handelt, die aufgebaut wurden und durch die das Zugehörigkeitsgefühl intensiviert wurde (6.4.2). Die emotionale Plazierung setzt nach Esser Kontaktmöglichkeiten und die Bereitschaft auf beiden Seiten voraus, sich begegnen zu wollen. Dass es ausreichend Kontaktgelegenheiten gibt, aber die Bereitschaft der Deutschen von den Befragten als noch nicht ausreichend eingeschätzt wird, konnte bereits bei der Erörterung der ersten Hypothese festgestellt werden.

Der zweite Teil der Hypothese steht im Zusammenhang mit den Bedenken der Befragten, dass eine Zugehörigkeit zu Deutschland den Verlust der eigenen kulturellen Identität bedeuten könnte. Nach Esser gibt es keine Identifikation in Teilbereichen, weil eine gleichzeitige Integration in mehrere kulturell und sozial unterschiedliche Bereiche eine sehr hohe Intensität an Lernmöglichkeiten erfordern würde, die es seiner Meinung nach in der Realität nicht gibt (2.6).

Er unterteilt die Identifikation in drei Formen, die zum Teil in den Interviews angesprochen werden. Die Werteintegration bei Esser entspricht der Wertschätzung von Werten und praktischen Dingen des Alltags, von denen die Befragten erzählen (6.5.1). Die Beschaffenheit Deutschlands und die vorherrschenden Werte werden von den Interviewten anerkannt und zum Teil auch übernommen (6.5.2). Ordnung, Sauberkeit, Zuverlässigkeit und Sicherheit sind höchst geschätzte Werte in Deutschland, sowohl von den befragten Migranten und Migrantinnen als auch von Seiten der Deutschen[4]. Dieses von Esser beschriebene Gefühl der Solidarität, dass sich bei der Werteintegration zeigt, findet man auch in Beispielen, in denen Befragte sich für die Deutschen einsetzen oder die Deutschen verteidigen.

Ebenso konnte eine zweite Form der Identifikation – der Bürgersinn als eine die gesellschaftliche Ordnung unterstützende Haltung – bei den Befragten gefunden werden. Insbesondere das Beispiel einer Befragten, die die Beachtung der Migranten und Migrantinnen als Mitmenschen als einen kosmopolitischen Beitrag zur Sicherung des Friedens sieht, spiegelt diese Haltung wider (6.6). Es geht nicht nur um den einzelnen, sondern um die gesamte Gesellschaft. Wer die Ordnung unterstützt, kann sich im Gegenzug auf den Erhalt seiner staatsbürgerlichen Rechte wie Wahlrecht, Gleichbehandlung und Gleichberechtigung verlassen.

Die dritte Form der Identifikation nach Esser ist die Hinnahme. Hier konnten kaum Beispiele für die Deferenzintegration gefunden werden, bei der die Gesellschaft hingenommen wird, weil Änderungsversuche aussichtslos sind, (2.6). Nur aus einer Er-

[4] Vergleiche die Kulturstandards nach Alexander Thomas: Unter anderem sind die Sachorientierung, Regelorientierung und internalisierte Kontrolle im Verhalten der Deutschen zentral. Demnach kann von einer Anerkennung der Werte Sauberkeit, Ordnung, Zuverlässigkeit und Sicherheit durch die Deutschen ausgegangen werden (Thomas, 2005, 26).

zählung kann man eine Deferenzintegration herauslesen. Der Befragte sagt, „Mehr kann man nicht erwarten, weil wie gesagt, ich bin hier Ausländer“ und spricht an, dass er zwar im Austausch mit Andersgläubigen steht, aber es bleibt ein religiöser und kultureller Unterschied, der ihn weiterhin fremd bleiben lässt (6.4.3). Dies nimmt er hin, weil nicht mehr zu erwarten sei. Es gibt Enttäuschungen bezüglich des Verhaltens der Deutschen, jedoch sehen viele der Befragten die Verantwortung für die Gestaltung ihres Integrationsprozesses bei sich und sehen durchaus nicht, dass sie den Zustand der Gesellschaft hinnehmen müssen. Von diesem Verantwortungsgefühl für die Situation und dem Veränderungswillen zeugen die instrumentellen Werte der Befragten und ihre persönlichen Einstellungen (6.1.2 und 6.1). Den Deutschen verzeihen können und ihnen mit Offenheit und Toleranz begegnen, ist hier genauso genannt worden, wie Rechte und Pflichten zu akzeptieren und Hilfe anzubieten. Ebenso gibt es eine intensive Auseinandersetzung damit, welche Strategien es gibt, um den Integrationsprozess zu verbessern. Hier wird von Geduld und Toleranz auf Seiten der Migranten und Migrantinnen gesprochen, von Fragen stellen und Anpassungsfähigkeit zeigen (6.2).

Für die Verkettungsintegration werden in den Interviews zwei Beispiele genannt. Bei dieser Form überkreuzen sich innere Überzeugungen mit äußeren Grenzen und es entsteht eine Integration, die trotzdem noch die persönlichen Interessen des einzelnen berücksichtigt. Verkettungsintegration liegt im Beispiel der beiden Väter vor, deren innere Überzeugung, wie ihre Kinder aufwachsen sollen mit den äußeren, durch Schule und Gesellschaft gegebenen Umständen kollidiert (6.3.2). In der Gesellschaft ist beispielsweise festgelegt, was ein volljähriger junger Mensch darf, die innere Überzeugung des Vaters steht dem aber entgegen. Dennoch ist der Vater aus Sri Lanka eine der Personen, die sich am meisten mit Deutschland identifizieren. Er sagt von sich selbst, dass er sich deutsch fühlt (6.5.3). Trotz Differenz zwischen eigener Einstellung und gesellschaftlichem Rahmen bleiben seine persönlichen Interessen genügend berücksichtigt. Bei einem anderen Vater stehen seine inneren Überzeugungen in diesem einem Lebensbereich seiner vollständigen Zugehörigkeit entgegen (6.3.2). Seine kulturelle und religiöse Identität zeigt sich sowohl in der Zugehörigkeit zu Ägypten als auch in seinen Anschauungen, welche Erziehung die Kinder erhalten sollten. Diese ist ihm wichtiger als eine vollständige Zugehörigkeit (6.3.2). Dennoch hat er sich in Deutschland akkulturiert, das heißt, er hat sich spezifisches Wissen über Regeln, Kompetenzen und Fertigkeiten sowie die Sprache angeeignet. Er hat sich in der Arbeit und in seinem Stadtviertel sozial und emotional platziert. In der Arbeit äußert er seine Meinung, er wird im Stadtviertel geschätzt, arbeitet im Nachbarschaftstreff mit und sucht den Austausch mit Andersgläubigen (6.1.2 und 6.4.3). Diese Form der Mehrfachintegration dürfte es nach Esser eigentlich nicht geben. Esser sieht die Assimilation als Erwerb aller Rechte und Pflichten und damit die Gleichstellung zu den Menschen des Aufnahmelandes als die einzige erfolgreiche Integrationsform, eine Sozialintegration in das Herkunftsland besteht danach nicht mehr (2.6). Ein weiteres Beispiel für den Wunsch, sich die kulturelle Identität zu erhalten, gibt eine Kroatin, die ihr kulturelles Leben trennt in ein kroatisches im privaten Bereich und ein deutsches im öffentlichen Raum (6.2). Sie lebt zuhause ihr „kroatisches Heim“, auf der Straße fühlt sie sich jedoch deutsch und weiß, dass sie dazugehört. Eine Frau aus Südosteuropa schildert ihre kulturelle Identität als einen Mantel, den sie nicht ablegen kann, weil der Mantel die eigene Geschichte und Kultur beinhaltet (6.4.3). Dennoch haben sich beide akkulturiert und die Sprache gelernt, haben Werte und Verhaltensweisen übernommen; sie haben sich sozial und emotional platziert und fühlen sich zugehörig. Beide setzen sich für Deutschland ein, sei es, dass sie es bei verbalen Angriffen verteidigen oder sich sozial engagieren.

Diese Hypothese konnte teilweise verifiziert werden, denn die Aussagen der Migranten und Migranten bestätigen, dass ihnen eine strukturelle und soziale Gleichstellung sehr wichtig ist und diese Gleichstellung Einfluss auf ihr Zugehörigkeitsgefühl hat. Es hat sich bestätigt, dass kulturelle Unterschiede bestehen und sich die Migranten und Migrantinnen hierfür Verständnis und Akzeptanz wünschen, weil sie ein Ablegen des kulturellen Unterschiedes als eine Aufgabe ihrer Identität empfinden. Es zeigt sich einerseits durch die Interviews, dass eine vollständige Zugehörigkeit zum Aufnahmeland möglich ist, auch wenn kulturelle Unterschiede bestehen bleiben. Andererseits gibt es genauso Befragte, für die trotz gelungener Identifikation mit zahlreichen Teilbereichen keine hundertprozentige Zugehörigkeit zum Aufnahmeland möglich ist. Das heißt, dass manchen Migranten die Mehrfachintegration besser gelingt als anderen. Ob diese Befragten weniger Akzeptanz für ihre kulturelle Unterschiedlichkeit durch die Deutschen erfahren haben, als die anderen, kann aus den Ergebnissen der Befragung nicht ersehen werden. Woran es liegt, dass manchen Migranten und Migrantinnen eine Mehrfachintegration gelingt und anderen nicht, müsste in weiteren empirischen Studien zur Thematik der Mehrfachintegration erforscht werden.

Hypothese 3
Je mehr Bereitschaft die Deutschen zeigen, sich mit einer ethnisch veränderten Gesellschaft auseinander zu setzen und zu identifizieren, desto mehr können sich Migranten und Migrantinnen in Deutschland zugehörig fühlen.

Für Deutschland war drei Jahrhunderte das ethnische Nationalstaatskonzept für das politische Denken und den Umgang mit ethnischen Minderheiten maßgeblich. Dieses Konzept sieht eine Eingliederung von Menschen anderer ethnischer Abstammung nicht vor. Die Frage ist daher, ob die historische Prägung durch das nationalstaatliche Denken die Bereitschaft der Deutschen, sich mit den Migranten und Migrantinnen auseinanderzusetzen, einschränkt. Wie bereits erläutert, wurden Deutsche nicht befragt, so dass es keine Ergebnisse hinsichtlich ihrer Ansichten gibt. Die Bereitschaft der Deutschen kann innerhalb dieser Untersuchung nur indirekt aus den Erfahrungen und Äußerungen der Befragten herausgefunden werden. Besonders aufschlussreich sind hierfür die Erzählungen und Aussagen zur Entstehung des Verbundenheits- und Zugehörigkeitsgefühls und die Wünsche der Migranten und Migrantinnen an die Deutschen. Die Befragten wünschen sich von den deutschen Bürgern und Bürgerinnen aktive Unterstützung, Informationen, weniger Zurückhaltung und mehr Eigeninitiative, Kontakt aufzubauen. Soziale Anerkennung ist für alle Befragten ein wichtiger Faktor, damit Zugehörigkeit entstehen kann.

Einen Hinweis auf eine mangelnde Bereitschaft der Deutschen, sich mit einer veränderten Gesellschaft zu identifizieren, geben Beispiele von zwei Befragten, die sich selbst – obwohl beide eingebürgert sind – als Ausländer betrachten (6.4.3 und 6.5.3). Lange Zeit war der Begriff Ausländer gängig, um Migranten und Migrantinnen zu umschreiben. Dieser Begriff drückt aus, dass es sich um einen Fremden handelt, der nicht dazugehört. Dass auch nach vielen Jahren eingebürgerte Migranten und Migrantinnen sich als Ausländer sehen, zeigt, wie tief der Begriff des Ausländers in

Deutschland verwurzelt ist und gibt auch einen Hinweis darauf, wie langsam das Umdenken in der Gesellschaft erfolgt, die Menschen nicht als Fremde, sondern als Deutsche anderer Abstammung zu betrachten. Deutlicher beschreiben es die Erzählungen, die von mangelndem Interesse der Deutschen sprechen, die Migranten und Migrantinnen kennen lernen zu wollen (6.3.1). Hier kann ein Zusammenhang zum Konzept des ethnischen Nationalstaats konstruiert werden, weil die Ausländerpolitik jahrzehntelang davon ausging, dass die angeworbenen Gastarbeiter und Gastarbeiterinnen wieder in ihre Heimatländer zurückkehren würden und damit kein Anlass für eine Integrationspolitik sah. Auch bei der Bevölkerung gab es keinen Grund, sich mit den Gastarbeitern und Gastarbeiterinnen auseinander zu setzen. Ein anderer Hinweis auf eine mangelnde Bereitschaft sich mit einer veränderten Gesellschaft auseinander zu setzen und zu identifizieren, ist die Tatsache, dass eine Befragte die Erfahrung machte, dass sie bei gleicher Leistung weniger Lohn als die Kollegen und Kolleginnen bekommen hat (6.4.2). Auch sie fühlt sich als Ausländerin, denn durch diese Ungleichbehandlung hat sie nicht das Gefühl dazuzugehören.

Nur eine der Befragten spricht Vorurteile, die ihr entgegenschlagen, an (6.4.3) Diese Vorurteile richten sich aus Sicht der Interviewten vor allen Dingen gegen bestimmte Nationalitäten, wie zum Beispiel ihre eigene aus dem russischsprachigen Raum. Vorurteile können die unterschiedlichsten Ursachen haben, wie zum Beispiel auch mangelnde Gelegenheit Migranten und Migrantinnen kennen zu lernen, daher kann hier kein Rückschluss auf die Prägung durch das ethnische Nationalstaatskonzept gezogen werden.

Die Interviews zeigen erlebte Defizite bei den Deutschen auf, wie die bereits beschriebene fehlende Menschlichkeit, Offenheit und Wärme. Es werden aber, wie ebenfalls bereits erläutert, auch viele positive Beispiele gegeben. Für aussagekräftige Ergebnisse wäre eine Befragung der deutschstämmigen Bevölkerung unumgänglich.

Mit der Einschränkung, dass die Erkenntnisse nur indirekt und von einer kleinen Probandenzahl gewonnen wurden, konnte die Hypothese verifiziert werden. Die Wünsche der Interviewten geben Aufschluss, dass die von den Deutschen gezeigte Bereitschaft zur Akzeptanz der Migranten und Migrantinnen als nicht ausreichend empfunden wird. Da soziale Akzeptanz eine große Rolle für die Migranten und Migrantinnen spielt, kann angenommen werden, dass eine höhere Bereitschaft der Deutschen, sich mit einer hybriden Gesellschaft zu identifizieren und die Migranten und Migrantinnen als Teil der Gesellschaft anzuerkennen, deren Zugehörigkeitsgefühl positiv beeinflussen würde.

7.2. Überprüfung der Indikatoren

Unter 2.4 wurden die Indikatoren zur Messung der Identifikation vorgestellt. Diese sollen nun anhand der Ergebnisse auf ihre Wirksamkeit hin überprüft werden.
Zunächst sollen die Indikatoren *„Zugehörigkeitsgefühl und Heimatgefühle“* näher betrachtet werden. Zwei der sechs Befragten bezeichnen sich als Deutsche und zeigen auch eine eindeutige Identifikation mit Deutschland. Der eine Befragte sagt von sich, dass er gerade im Ausland das Gefühl hat, Deutscher zu sein und die andere Befragte schildert, dass sie die Deutschen verteidigt, wenn jemand schlecht über sie spricht. Sie erzählt, dass sie hundertprozentig dazugehört und trotzdem bezeichnet sie sich auch als Kroatin (6.5.3). Eine dritte Befragte „denkt global“ und sieht eine Nationalität eher als Einschränkung (6.1.3). Ihre Zugehörigkeit ergibt sich daraus, wo sie sich wohl fühlt. Die drei anderen Befragten bezeichnen sich jeweils als Ägypter, Türkin und Bulgarin. Bei dem ägyptischen Befragten und der Türkin ist die Zugehörigkeit laut ihren Angaben nicht hundertprozentig. Die Bulgarin fühlt sich zugehörig ohne eine prozentuale Einschränkung vorzunehmen. Ferner weisen vier der Befragten die so genannte lokale Identifikation mit München auf. Von sechs Befragten fahren drei einmal im Jahr „nach Hause“. Drei der Befragten fahren in unregelmäßigen Abständen in ihr Herkunftsland. Es kann ein deutlicher Zusammenhang sowohl zwischen Heimatgefühlen und Besuchen in der Heimat gesehen werden als auch zwischen Heimatgefühlen und Zugehörigkeit. Die Zugehörigkeit ist bei den drei Befragten, die noch eine größere Heimatverbundenheit aufweisen, geringer als bei den anderen. Dennoch gibt es auch in dieser Gruppe Mehrfachintegrationen, das heißt trotz Identifikation mit Deutschland gibt es eine eigene kulturelle Identität. Der Indikator hat sich durch die Ergebnisse dieser Studie bestätigt.

Als nächstes sollen die Indikatoren *„Staatsbürgerschaft“* und *„Einbürgerungsabsicht“* näher untersucht werden. Von den sechs Befragten haben sich drei einbürgern

lassen; bei einer Befragten ist die Einbürgerung trotz intensiver Bemühungen wegen einer fehlenden Unterlage, die aus dem Herkunftsland nicht beschafft werden konnte, gescheitert. Zwei der Befragten hatten kein Interesse an einer Einbürgerung. Von den drei eingebürgerten Interviewten hatte einer die Absicht, später in seine Heimat zurückzugehen. Einer der Eingebürgerten kam über einen Asylantrag nach Deutschland. Die Verhältnisse in seiner früheren Heimat haben sich nicht verbessert, so dass er eine Rückkehr nicht in Erwägung zieht. Von den eingebürgerten Befragten fühlt sich einer nicht zu hundert Prozent zugehörig, die anderen fühlen sich zugehörig und identifizieren sich auch mit Deutschland. Es fühlen sich jedoch auch die drei nicht eingebürgerten Befragten zugehörig, wenn auch in einem Fall nur mit sechzig Prozent. Daher hat sich das Kriterium „Staatsbürgerschaft“ in den Interviews nicht als ein ausreichender Indikator zur Messung der Identifikation erwiesen.
Das Thema „Einbürgerungsabsicht“ wird in den Befragungen nur einmal angesprochen. Die Einbürgerungsabsicht ist bei einer der Befragten fehlgeschlagen, dennoch fühlt sie sich zugehörig. Mangels weiterer Interviewaussagen zu diesem Thema kann über die Wirksamkeit des Indikators keine Aussage getroffen werden.

Der Indikatorenkomplex *„Selbsteinschätzung“* unterteilt sich in *„Selbstwertgefühl“*, *„Einschätzung der eigenen Chancen im Aufnahmeland“* und *„gefühlte Nähe zur Aufnahmegesellschaft“*. In den Interviews wurden keine Daten hinsichtlich des Selbstwertgefühls der Befragten erhoben, daher kann dieser Indikator mit den vorliegenden Daten nicht überprüft werden. Die beiden anderen Indikatoren „Einschätzung der eigenen Chancen im Aufnahmeland“ und „gefühlte Nähe zur Aufnahmegesellschaft“ können zumindest indirekt überprüft werden. So haben drei der Befragten eine gute strukturelle Einbindung in der Arbeitswelt, zwei der Befragten befinden sich nach einem arbeitsreichen Leben in Rente und eine Befragte ist Hausfrau, die nach eigenen Angaben ihren Mann in seiner Selbständigkeit unterstützt. Fünf der Befragten haben Kinder, deren Zukunft für die Befragten sehr wichtig ist. Die „Chancen im Aufnahmeland“ spiegeln sich immer auch in den Bildungs- und Entwicklungschancen der Kinder wider. Die beiden Rentnerinnen haben erwachsene Kinder, die entweder eine Ausbildung oder ein Studium abgeschlossen haben. Die Kinder einer Familie besuchen die Grundschule und das Gymnasium und die Kinder der restlichen Befragten sind noch nicht in der Schule, nur ein Kind besucht die Grundschule. Es gibt bei einer

Familie klare Vorstellungen, dass die Kinder später das Gymnasium besuchen werden. Ein weiterer wichtiger Faktor zur Beurteilung der Chancen, die sich die Migranten und Migrantinnen im Aufnahmeland einräumen, ist der Erwerb von Wohneigentum. Zwei der Befragten besitzen Wohneigentum, ein Befragter plant dies und rechnet sich gute Chancen bei der Bank aus, gerade weil er eingebürgert ist. Aus diesen Daten kann geschlossen werden, dass sich die Befragten größtenteils gute Chancen im Aufnahmeland einräumen. Wiederum zeigt sich, dass diejenigen, die beispielsweise kein Wohneigentum erworben haben, auch diejenigen sind, die stärkere Heimatgefühle aufweisen und sich zum Teil weniger zugehörig fühlen. Insofern ist der Indikator „Einschätzung der eigenen Chancen im Aufnahmeland“ ein geeigneter Indikator zur Messung der Identifikation.

Der Indikator „*Gefühlte Nähe zur Aufnahmegesellschaft*“ relativiert jedoch die Messgenauigkeit des oben genannten Indikators, denn hier weisen zwei derer, die sich weniger zu Deutschland zugehörig fühlen, intensive Beziehungen zu Deutschen auf. Einer der beiden Befragten engagiert sich in seinem Stadtteil und wird dort von vielen Personen akzeptiert und geschätzt und die andere Befragte hat in einer Notsituation als junge Mutter intensive Beziehungen zu ihren Nachbarinnen aufgebaut. Bis auf eine Befragte geben alle an, dass sie deutsche Freunde haben. Aber gerade diese Befragte, die sich mit Deutschland identifiziert und sich deutsch fühlt, hat keine deutschen Freunde. Die gefühlte Nähe zur Aufnahmegesellschaft drückt sich demnach nicht unbedingt in Freundschaften und in der Nähe zu einzelnen Personen aus, sondern eventuell in der Wertschätzung und Übernahme von Werten und Verhaltensweisen. Personen, die sich zugehöriger fühlen, nennen durchschnittlich mehr Werte und Dinge in ihrer Umgebung, die sie schätzen und von den Deutschen übernommen haben, zur aktiven Übernahme von Verhaltens- und Lebensweisen gibt es dagegen Beispiele von allen Befragten.

Die Übereinstimmung in zentralen Werten hat eine verbindende Wirkung, sofern sich beide Seiten bewusst sind, dass sie gemeinsame Werte haben. Zwei der Befragten geben Personen und Personengruppen an, mit denen sie sich identifizieren und machen Aussagen, dass sie sich deutsch fühlen bzw. hundertprozentig zugehörig fühlen. Eine Befragte nennt als Beispiel für gefühlte Nähe zur Aufnahmegesellschaft und

Identifikation die mit vielen Deutschen geteilte Begeisterung für Willy Brandt und seine Politik.

Die Indikatoren „Einschätzung der eigenen Chancen im Aufnahmeland“ und „gefühlte Nähe zur Aufnahmegesellschaft“ sind sehr geeignet, um Zugehörigkeit zu messen.

Schließlich soll noch der Indikator *„Teilhabe und Gestaltung am öffentlichen Leben“* auf seine Messgenauigkeit überprüft werden. Zwei der Befragten sind bürgerschaftlich engagiert und möchten die Lebensumstände verbessern, sei es, um eine überkonfessionelle Zusammenarbeit zu erreichen oder die eigene Glaubensgemeinschaft zu stärken oder um ihre Kinder zu fördern. Zwei der Befragten sind in einen Elternbeirat gewählt worden und waren dort bei der Gestaltung von Festlichkeiten und Fördermöglichkeiten für die Kinder beteiligt. Unabhängig von ihrem bürgerschaftlichen Engagement haben diese drei Interviewten eine sehr klare Vorstellung ihrer eigenen kulturellen Identität, die sie durch ihr Engagement in die Gemeinschaft einbringen wollen oder ihre kulturellen Fähigkeiten, wie zum Beispiel ihre Mehrsprachigkeit sind für ihr Engagement wichtig. Der Wunsch am öffentlichen Leben teilzuhaben und es mitzugestalten, erwächst hier aus der Mehrfachintegration, das heißt, aus der Identifikation mit der kulturellen Herkunft und mit dem Aufnahmeland. Die Mehrfachintegration dieser drei Befragten bereichert ihr Engagement im öffentlichen Leben. Dieser Indikator kann zur Messung von Identifikation mit dem Aufnahmeland herangezogen werden, wenn eine zeitgleiche Identifikation mit der eigenen Kultur nicht ausgeschlossen wird.

Die Indikatoren, die im Integrationsindikatorenbericht verwendet werden, sind unter anderem auch *„Einbürgerung“* und *„bürgerschaftliches Engagement“*, die bereits untersucht wurden. Zu dem Indikator *„Mitgliedschaft in politischen Parteien und Organisationen“* kann aufgrund von Datenmangel keine Aussage gemacht werden. Ebenso gibt es in den Interviews keine Anzeichen für *„Erfahrungen mit rassistischen, fremdenfeindlichen oder antisemitischen Gewalttaten“* in Deutschland, daher kann dieser Indikator ebenfalls nicht überprüft werden.

Die Indikatoren, die den subjektiven, höchstindividuellen und vielfältigen Vorgang der Identifikation am besten messen, sind die Indikatoren „Einschätzung der eigenen

Chancen im Aufnahmeland" und „gefühlte Nähe zur Aufnahmegesellschaft". In Anlehnung an diese Indikatoren scheint es sinnvoll, zu überlegen, ob nicht auch die *„Einschätzung der Chancen der eigenen Kinder im Aufnahmeland"* als Indikator eingeführt werden sollte, da die Ergebnisse der Interviews zeigen, dass Eltern großes Interesse daran haben, dass es ihren Kindern einmal besser geht in Deutschland. Dafür sind Eltern auch bereit, Kompromisse im Aufnahmeland einzugehen, wie z. B. den Kompromiss, dass die kulturellen Einflüsse auf die Kinder von den eigenen Überzeugungen abweichen. Es kann vermutet werden, dass sich die Eltern verbundener mit und zugehöriger zum Aufnahmeland fühlen, wenn die Kinder eine gesicherte Zukunft in diesem Land haben.

Da sich in den Erzählungen zeigt, dass Eltern in der Kindererziehung versuchen zu steuern, inwieweit die Kinder von der deutschen Lebensweise beeinflusst werden, wäre auch ein Indikator denkbar, der *„die gefühlte Nähe der eigenen Kinder zum Aufnahmeland"* aus Sicht der Eltern misst. Hier könnte geprüft und deutlich werden, ob, in welchen Lebensbereichen und auf welche Art die Eltern die Identifikation der Kinder mit dem Aufnahmeland zulassen können. Dies würde auch eine Aussage über das Zugehörigkeitsgefühl der Eltern ermöglichen, denn es hat sich in dieser Untersuchung gezeigt, dass die Grenzen für die Identifikation mit dem Aufnahmeland da liegen, wo die Ansichten der Eltern bezüglich der Kindererziehung nicht denen des Aufnahmelands entsprechen.

Zwei der Befragten erzählen von der guten und mangelnden Unterstützung des jeweiligen Partners. Es zeigt sich, dass mangelnde Unterstützung vom Partner oder der Partnerin die Integration der Familie schwerer macht und es wird vermutet, dass auch dies das Zugehörigkeitsgefühl der gesamten Familie beeinflusst. Daher wäre es meinem Einschätzen nach sinnvoll, einen Indikator *„Einschätzung der Chancen des Partners oder der Partnerin im Aufnahmeland"* einzuführen und zu überprüfen.

7.3. Anregungen für die Aufnahmegesellschaft

Die Anregungen an die Aufnahmegesellschaft und insbesondere an den einzelnen Deutschen oder die einzelne Deutsche wurden sowohl direkt den Wünschen der befragten Migranten und Migrantinnen entnommen, als auch indirekt aus den vielen

Beispielen, die von den Interviewpartner und -partnerinnen gegeben wurden, abgeleitet.
Wie bereits unter Punkt 6.6 erläutert, lassen sich die Anregungen in zwei Kategorien aufteilen. Zum einen werden viele Beispiele gegeben, was die Deutschen *tun* könnten, um den Migranten und Migrantinnen zu helfen, sich zugehöriger zu fühlen. Zum anderen werden Anregungen gegeben, wie die Deutschen *sein* sollten, damit das Zugehörigkeitsgefühl der Migranten und Migrantinnen gefördert wird.

Da der Spracherwerb eine zentrale Rolle im Integrationsprozess spielt, richten sich auch einige Wünsche der Migranten und Migrantinnen auf die Unterstützung, die Sprache zu erlernen. Diese Unterstützung kann sehr konkret sein, wie z. B. Sprachkurse in Kindergärten und Nachbarschaftstreffs anzubieten oder beim Ausfüllen von Formularen zu helfen – jedoch so besteht der ausdrückliche Wunsch – dies nicht für den Migranten oder die Migrantin zu tun, sondern zu zeigen, wie es geht und im Hintergrund zu bleiben, damit derjenige oder diejenige lernen kann, es selbst zu tun. Eine andere von den Befragten gewünschte Form von Unterstützung besteht darin, Verständnis für die sprachlichen Schwierigkeiten aufzubringen, wenn z. B. Wörter falsch benutzt werden – hier darf ruhig auch einmal freundlich korrigiert oder erklärt werden, wo es die Situation und die Person erlaubt. Lachen über eine komische Wortwahl wird als eine positive Geste erlebt, so lange es sich um ein gemeinsames Lachen handelt. Vor allen Dingen beinhaltet dieses Verständnis auch Einfühlungsvermögen, wie schwierig es für eine Person ist, ohne Sprache oder mit mangelnden Sprachkenntnissen mit Deutschen in Kontakt zu kommen. In kluge Tipps verpackte Vorurteile „doch endlich mal Deutsch zu lernen“ oder auch Erklärungen, die suggerieren, der Migrant oder die Migrantin sei dumm, werden dagegen als sehr verletzend und demotivierend erlebt und es besteht die Gefahr, dass sich mancher Migrant oder manche Migrantin langfristig zurückziehen.

Ein weiteres Anliegen an die Deutschen ist, mehr Informationen zu geben. Es wird gewünscht, Migranten und Migrantinnen auf Ämter zu begleiten, um Abläufe und Verhaltensweisen der Mitarbeiter und Mitarbeiterinnen zu erklären. Konkret kann dies bedeuten, zu erklären, was man mit der gezogenen Wartenummer macht oder wie man sich gegenüber dem Beamten oder der Beamtin verhält. Auch hier spielt

Einfühlungsvermögen eine große Rolle, um sich vorzustellen, dass die für uns alltäglichen und vertrauten Abläufe für Migranten und Migrantinnen nicht nachvollziehbare, seltsame und zum Teil auch beängstigende Vorgänge sein können. Ein gutes Beispiel ist hier der Umgang mit Institutionen wie Polizei, Verwaltung oder Krankenhäusern, die in einigen Ländern, aus denen Migranten und Migrantinnen kommen, korrupt sind. Es ist daher für viele neu eingereiste Migranten und Migrantinnen vollkommen unklar, was sie von einer Institution erwarten sollen oder können. Ferner werden mehr Informationen – am besten in Form von Broschüren – zum Bildungssystem und Gesundheitssystem gewünscht. Informationen sollten zentral zugänglich sein, z. B. über eine Internetseite und alle Lebensbereiche umfassen. Ein Beispiel für den Wunsch nach mehr Informationen betrifft den Umgang mit der Mehrsprachigkeit von Kindern in Kindertagesstätten. Noch immer wird von einigen Erziehern und Erzieherinnen im Kindergarten gefordert, dass die Eltern nur Deutsch mit den Kindern sprechen sollen, kritisiert eine Befragte, obwohl die Fachliteratur auf die Wichtigkeit der Muttersprache für die Sprach- und Identitätsentwicklung hinweist (Küpelikilinc, Ringler 2004). Hier wird mehr Aufklärung des pädagogischen Personals sowie der Eltern über die Bedeutung der Muttersprache für die sprachliche Entwicklung der Kinder gewünscht.

Eine weitere Anregung für die Aufnahmegesellschaft ist, mehr Interesse an den Migranten und Migrantinnen zu zeigen. Das Interesse sollte die Person selbst und ihren individuellen, sozialen und kulturellen Hintergrund wie z. B. das Herkunftsland oder die Lebensweise umfassen. Wichtig ist den Befragten jedoch, dass ihre kulturelle Unterschiedlichkeit akzeptiert wird. Das Interesse könnte auf vielfältige Weise und bei unterschiedlichen Gelegenheiten gezeigt werden. Die Stadtteilarbeit in der Messestadt Riem in München bietet viele Gelegenheiten, um sich kennen zu lernen. Wer an Gruppenangeboten oder an Festen teilnimmt, zeigt Interesse an den anderen und an der Gemeinschaft. Die Beispiele der Befragten zeigen, dass es auch im Alltag viele Möglichkeiten gibt, Interesse zu zeigen. Fragen beantworten, eine Willkommenskarte schicken, Tipps geben, Hilfe anbieten sind einige der Beispiele. Eine Voraussetzung ist die Begegnung auf gleicher Augenhöhe, Initiative auf beiden Seiten und beiderseits der Willen, etwas von sich mitteilen zu wollen. Die Befragten haben sowohl durch ihre Teilnahme an den Interviews als auch mit ihren Erzählungen gezeigt, dass sie offen sind und willens, sich mitzuteilen und sich über ein Aufeinanderzugehen freuen. Die gegenseitige Akzeptanz ist die Basis für das Interesse am anderen. Interesse zeigen kann auch bedeuten, dem oder der anderen zu zeigen, wer man ist und wie man lebt, ohne die Erwartung zu haben, dass die anderen das eigene übernehmen.

Die Befragten geben auch einige Anregungen dazu, wie die Deutschen sein sollten, damit sie sich zugehöriger fühlen könnten. Hier geht es darum, wie Deutsche in der Regel auf die Migranten und Migrantinnen wirken. Grundsätzlich wird hier in den Beispielen offenkundig, dass es um mehr Freundlichkeit und Offenheit geht, die sich in einem Lächeln oder Grüßen ausdrücken können. Bisher fehlt nach den Aussagen der Befragten in der Ausstrahlung vieler Deutschen die Kontaktfreudigkeit, von einer Befragten wird dies als fehlende „Wärme“ bezeichnet. Noch wird aus der Sicht der Interviewten zu wenig Bereitschaft signalisiert, Kontakt zu wollen; Kontakt, der vielleicht als Hilfe oder mit einer verständnisvollen Geste beginnt und sich mit ehrlichem Interesse und Verständnis für sprachliche Handicaps und kulturelle Unterschiede Schritt für Schritt weiterentwickeln kann. Hier klingt in manchen Beispielen an, dass es auch um ein Verantwortungsgefühl füreinander geht, sich gegenseitig mit seinen Bedürfnissen wahrzunehmen und zu unterstützen, weil nur so ein friedliches Miteinander möglich ist.

Auf die Frage nach den Wünschen der Migranten und Migrantinnen gibt eine Befragte die Anregung, bei den Kindern anzufangen, da Kinder immer wieder zeigen, dass sie Neues an ihre Eltern herantragen und großen Einfluss auf ihre Eltern ausüben. Die Befragte weist darauf hin, dass Kinder oft sehr vehement sein können, wenn es darum geht, ihren Eltern Umweltschutz oder Verkehrssicherheit beizubringen. Wieso sollten Kinder ihren Eltern nicht auch Toleranz für andere Kulturen und andere Lebensweisen nahe bringen können, dazu muss es ihnen jedoch so früh wie möglich im Kindergarten vermittelt werden.

8. Zusammenfassung

Diese Forschungsarbeit hat sich mit dem Thema der identifikativen Integration auseinander gesetzt und die subjektiven Erfahrungen von Migranten und Migrantinnen in Bezug auf ihre Identifikation und ihr Zugehörigkeitsgefühl untersucht. Die gewonnenen Ergebnisse spiegeln die Vielfalt der Erfahrungen und Beispiele der Befragten wider. Es konnte festgestellt werden, dass die persönliche Ausstattung eine große Rolle im Integrationsprozess spielt. Die Vorerfahrungen und die persönlichen Einstellungen beeinflussen, wie mit den Herausforderungen des Alltags im Aufnahmeland umgegangen wird. Freiheit, Sicherheit, Familie und soziale Anerkennung sind Werte, die von den Migranten und Migrantinnen in der Aufnahmegesellschaft (wieder)gefunden und mitgetragen werden. Hier entsteht ein Verbundenheitsgefühl, weil die Grundbedürfnisse nach Sicherheit, sozialer Anerkennung und Gleichberechtigung in Deutschland geachtet werden.

Die Funktion der Handlungsstrategien der Migranten und Migrantinnen ist, sich in der Fremde zurechtzufinden und durch Offenheit, Neugier, Toleranz und Anpassungsfähigkeit die Integration in die Aufnahmegesellschaft schnell zu meistern. Kontakt zu den Deutschen bringt soziale Anerkennung und ist für die Akkulturation und emotionale Platzierung eine wichtige Bedingung. Es zeigte sich aber, dass noch wichtige Voraussetzungen fehlen, damit der Kontakt das Zugehörigkeitsgefühl der Migranten und Migrantinnen fördern kann. Offenheit von Seiten der Mitglieder der Aufnahmegesellschaft, Interesse an der Lebensweise der Migranten und Migrantinnen und Einfühlungsvermögen in ihre besondere Situation sind aus der Sicht der Befragten am wichtigsten.

Zwei besondere Kontaktsituationen haben sich bei der Auswertung herauskristallisiert: Spracherwerb und Kindererziehung. Beide Bereiche haben einen großen Einfluss auf das Zugehörigkeitsgefühl. Misslingt der Erwerb der Sprache, drohen Rückzug und mangelndes Zugehörigkeitsgefühl. Nimmt der Einfluss der deutschen Lebensweise auf die Kinder der Migranten und Migrantinnen im Vergleich zur Herkunftskultur überhand, haben manche Eltern das Gefühl, ihre kulturelle Identität nicht mehr wahren zu können. Hier ergibt sich ein interessanter Ansatz für weitere Forschungen. Sind die Eltern beispielsweise erfolgreich mit ihren Strategien, die Kinder dem deutschen Einfluss zeitweise zu entziehen? Interessant wäre hier auch eine Langzeitstudie, ob und wie sich die Erziehungsziele mit zunehmendem Alter der Kinder und Verweildauer im Aufnahmeland möglicherweise verändern.

Verbundenheit mit und Zugehörigkeit zu Deutschland bedeutet für viele, sich in Deutschland wohl und zu Hause zu fühlen und akzeptiert zu werden. Die Verbundenheit mit Deutschland fühlt sich für jeden und jede anders an, aber die Beispiele zeugen von einer Vertrautheit mit der Umgebung und den Menschen und auch von Vertrauen in die Menschen. Die Verbundenheit mit Deutschland entsteht durch die Erfüllung zweier zentraler Bedürfnisse: Akzeptanz und Gleichbehandlung. Sie bilden zugleich die Basis für die soziale Platzierung der Migranten und Migrantinnen. Zugehörigkeit darf jedoch nicht bedeuten, dass die eigene kulturelle Identität aufgegeben werden muss, sonst besteht das Risiko, dass sich Migrantinnen und Migranten gegen die Zugehörigkeit zu den Deutschen entscheiden, um ihre kulturelle Identität zu bewahren.

Es stellte sich heraus, dass die Identifikation verschiedene Ausprägungen hat und sich in der Wertschätzung von Werten wie Ordnung, Sicherheit und Sauberkeit zeigt oder in der Wertschätzung von Verhaltensweisen oder Gegebenheiten wie der Infrastruktur. Die Übernahme von Verhaltensweisen, wie das Feiern von Weihnachten und Fasching ist ebenfalls eine Ausprägung von Identifikation. Schließlich identifizieren sich die Migranten mit Personen oder Personengruppen und es zeigte sich, dass ein unterschiedliches Äußeres die emotionale Gleichsetzung mit den Deutschen beeinflusst. Können sich Personen nicht aufgrund von ähnlichem Aussehen miteinander identifizieren, wird eine andere Übereinstimmung gesucht, die beide Personen bzw. Personengruppen verbindet. Im Falle eines Befragten, der sich aufgrund seiner dunklen Hautfarbe nur bedingt zu den Deutschen zugehörig fühlte, war dies sein Wahlrecht, das er am Wahltag gemeinsam mit den Deutschen und anderen eingebürgerten Migranten und Migrantinnen ausübte und sich mit der Gruppe der wählenden Migranten und Migrantinnen und Deutschen identifizierte. Auch von Seiten der Deutschen birgt ein Wahltag die Möglichkeit, sich mit den wählenden Migranten und Migrantinnen als deutsche Bürger zu identifizieren.

Die Wünsche der Befragten wurden in den Anregungen an die Aufnahmegesellschaft aufgegriffen. Mehr Unterstützung und Informationen, aber auch Interesse, Einfühlungsvermögen und Akzeptanz der Deutschen sind wichtig für die Entwicklung des Zugehörigkeitsgefühls.

Vorhandene Indikatoren wurden überprüft und es konnte festgestellt werden, dass aufgrund der Ergebnisse der Befragung der Indikator „Staatsbürgerschaft" nicht ausreichend geeignet ist, Identifikation zu messen, da es auch nicht eingebürgerte Personen gibt, die sich zugehörig fühlen. Jedoch konnten Ideen für neue Indikatoren gewonnen werden, weil sich gezeigt hat, dass die enge Verknüpfung von Eltern und Kindern Aufschluss über das Zugehörigkeitsgefühl der Eltern geben kann. Gerade im adaptiven Integrationsmilieu ist das Anliegen groß, den eigenen Kindern die Möglichkeit einer besseren sozialen Platzierung in der Gesellschaft mitzugeben. Die Akkulturation der Kinder hat sich als schwierig erwiesen, da manche Eltern bei den Kindern den Verlust kulturellen Wissens und kultureller Verhaltensweisen befürchten. Es wäre interessant, in einer weitergehenden Forschung den Indikator „gefühlte Nähe der eigenen Kinder zum Aufnahmeland" zu messen, um zu prüfen, inwieweit Eltern die Identifikation der Kinder mit dem Aufnahmeland zulassen. Darüber könnte indirekt auch eine Aussage über das Zugehörigkeitsgefühl der Eltern getroffen werden. Und schließlich könnte das Zugehörigkeitsgefühl auch über „die Einschätzung der Chancen des Partners oder der Partnerin im Aufnahmeland" geprüft werden.

Es hat sich gezeigt, dass die Bereitschaft, Kontakt zueinander zu bekommen, nach dem Eindruck der Befragten bei den Migranten und Migrantinnen etwas höher liegt als bei den Deutschen. Kontakt und Beziehungen mit den Deutschen sind jedoch für die Entwicklung des Zugehörigkeitsgefühls der Migranten und Migrantinnen essentiell. Ebenso ist eine identifikative Integration ohne soziale Anerkennung und gleichberechtigte Behandlung nicht möglich, denn sie gewährleisten eine gleichrangige soziale Positionierung in der Gesellschaft. Es wurde deutlich, dass sich die emotionale Platzierung in den Gefühlen der Verbundenheit mit Deutschland und den Deutschen widerspiegelt und die Identifikation mit der Aufnahmegesellschaft fördert.

Das wichtigste Anliegen der Befragten und damit eine grundlegende Voraussetzung für die Entwicklung eines Zugehörigkeitsgefühls ist die Akzeptanz kultureller Unterschiede. Jedoch zeigte sich, dass auch die Erfahrung von Akzeptanz für kulturelle Unterschiede das Gefühl der Zugehörigkeit nicht unbegrenzt steigern kann. Trotz der Identifikation in vielen unterschiedlichen Lebensbereichen, gab es für manche Befragte kein hundertprozentiges Zugehörigkeitsgefühl zur Aufnahmegesellschaft. Es gibt eine Mehrfachintegration der befragten Migranten und Migrantinnen, die ihre Grenzen vielleicht in einem eingeschränkten Zugehörigkeitsgefühl zur Aufnahmegesellschaft findet. Die Frage ist, wo die Grenzen der Mehrfachintegration liegen. Sind es persönliche oder gesellschaftliche Voraussetzungen, die nicht erfüllt werden oder schränkt eine Mehrfachintegration das Zugehörigkeitsgefühl sowohl zur Herkunftsgesellschaft als auch zur Aufnahmegesellschaft immer ein?

Um die Zugehörigkeit der Migranten und Migrantinnen im Aufnahmeland zu erhöhen, braucht es nicht nur die Möglichkeit, sich sozial und emotional platzieren zu können, sondern neben der Akkulturation im Aufnahmeland auch eine Platzierung der eigenen kulturellen Identität. Es darf keine Konkurrenzsituation zwischen der eigenen Kultur und der des Aufnahmelandes entstehen, sondern beide Kulturen sollten die gleiche Akzeptanz haben. Dabei geht es nicht darum, dem anderen einfach nur seine Kultur „zu lassen", sondern mit Interesse, Verständnis und Einfühlungsvermögen aufeinander zuzugehen, um die jeweilige andere Kultur kennen zu lernen, ohne die Verpflichtung, aber mit der Option, Teile der Kultur in sich aufzunehmen, wertzuschätzen und zu übernehmen.

Verzeichnis der Tabellen

Verzeichnis der Abbildungen

Verzeichnis der Anhänge

Literaturverzeichnis

Allport, Gordon W.: *Die Natur des Vorurteils*. Köln: Kiepenheuer & Witsch, 1971

Beck, S.; Perry, Th.: Migranten-Mileus. In: *Forum Sozial*, (2008), 2, S. 12-16

Becker, B.: *Ausländerfeindlichkeit in Ost- und Westdeutschland. Theoretische Grundlagen und empirische Analysen*. Saarbrücken: VDM Verlag Dr. Müller, 2007

Bezirksausschuss 15 (2009): *Trudering-Riem – Vom Doppeldorf zum Boom-Viertel*. München: Stadtbezirksinfos. http://www.munchen.de/ba/15/sb15.htm [Stand: 29.05.2010]

Brieden, Th.: *Konfliktimport durch Immigration: Auswirkungen ethnischer Konflikte im Herkunftsland auf die Integrations- und Identitätsentwicklung von Immigranten in der Bundesrepublik Deutschland*. Hamburg: Kovac, 1996

Bundesministerium des Inneren (Juli 2006): Bericht zur Evaluierung des Gesetzes zur Steuerung und Begrenzung der Zuwanderung und zur Regelung des Aufenthalts und der Integration von Unionsbürgern und Ausländern (Zuwanderungsgesetz). http://www.bmi.bund.de/cae/servlet/contentblob/151396/publicationFile/14809/evaluierungsbericht_zum_zuwanderungsgesetz.pdf [Stand: 25.04.2010]

Diekmann, A.: *Empirische Sozialforschung*. 18. überarb. Aufl. Hamburg: Rowohlt Verlag, 2007

Esser, H.: Integration und ethnische Schichtung. In: *Arbeitspapiere – Mannheimer Zentrum für Europäische Sozialforschung*, (2001), Nr. 40, S. 1-24 http://www.mzes.uni-mannheim.de/publications/wp/wp-40.pdf [Stand: 19.04.2010]

Feather, N.T.: Assimilation of Values in Migrant Groups. In: Rokeach, M.: *Understanding Human Value*. New York: The Free Press, (1979), S. 97 – 128

Gläser, J.; **Laudel**, G.: *Experteninterviews und qualitative Inhaltsanalyse als Instrumente rekonstruierender Untersuchungen.* 3 überarb. Auflage. Wiesbaden: GWV Fachverlage GmbH, 2009

Heckmann, F.: *Ethnische Minderheiten, Volk und Nation. Soziologie interethnischer Beziehungen.* Stuttgart: Ferdinand Enke Verlag, 1992

Heckmann, F.; Wunderlich, T.; Worbs, S.; Lederer, H.: *Integrationspolitische Aspekte einer gesteuerten Zuwanderung. Gutachten für die interministerielle Arbeitsgruppe der Bayerischen Staatsregierung zu Fragen der Zuwanderungssteuerung und Zuwanderungsbegrenzung.* Universität Bamberg: Europäisches Forum für Migrationsstudien, 2000 http://www.efms.uni-bamberg.de/pdf/bayern.pdf [Stand: 19.04.2010]

Heckmann, F.; Schnapper, D.: *The Integration of Immigrants in European Societies. National Differences and Trends of Convergence.* Stuttgart: Lucius & Lucius, 2003

Hopf, Ch.: Qualitative Interviews – ein Überblick. In: Flick, U.; von Kardoff, E.; Steinke, I. (Hg.): *Qualitative Forschung. Ein Handbuch.* 5. Auflage. Reinbek bei Hamburg: Rowohlt Taschenbuch Verlag, (2007), S. 349 - 360

Institut für Sozialforschung und Gesellschaftspolitik und Wissenschaftszentrum Berlin für Sozialforschung GmbH (2009): *Integration in Deutschland. Erster Integrationsindikatorenbericht: Erprobung des Indikatorensets und Bericht zum bundesweiten Integrationsmonitorings.* Forum Integration, Die Beauftragte der Bundesregierung für Migration, Flüchtlinge und Integration. http://www.bundesregierung.de/Content/DE/Publikation/IB/Anlagen/2009-07-07-indikatorenbericht,property=publicationFile.pdf [Stand: 02.05.2010]

Küpelikilinc, N.; Ringler, M.: Spracherwerb von mehreren Sprachen. In: Verband binationaler Familien und Partnerschaften, iaf e.V. (Hg.): *Kompetent mehrsprachig.* 1. Auflage. Frankfurt a. M.: Brandes & Apsel Verlag GmbH, (2004), S. 29 - 50

Landeshauptstadt München, Stelle für interkulturelle Arbeit (2008): *Interkulturelles Intergrationskonzept. Grundsätze und Strukturen der Integrationspolitik der Landeshauptstadt München.* Regensburg: Aumüller Druck GmbH & Co. KG, 2008

Layes, G.: Interkulturelles Identitätsmanagement. In: Thomas, A.; Kinast E.-U.; Schroll-Machl, S.: *Handbuch Interkulturelle Kommunikation und Kooperation. Grundlagen und Praxisfelder.* Band 1. 2. überarb. Auflage. Göttingen: Vandenhoeck & Ruprecht GmbH & Co.KG, (2005), S. 117-125

Mayring, Ph.: *Qualitative Inhaltsanalyse. Grundlagen und Techniken.* 10. Auflage. Weinheim und Basel: Beltz Verlag, 2008

Mayring, Ph.: Qualitative Inhaltsanalyse. In: Flick, U.; von Kardoff, E.; Steinke, I. (Hg.): *Qualitative Forschung. Ein Handbuch.* 5. Auflage. Reinbek bei Hamburg: Rowohlt Taschenbuch Verlag, (2007), S. 468 – 475

Michalowski, I.; Snel, E. (22. April 2005): Kann man Integration messen? Vortrag zur Fachtagung „Zuwanderer integrieren" im Stadtweinhaus. http://www.muenster.de/stadt/zuwanderung/pdf/2005doku_michalowski-snel.pdf [Stand: 19.04.2010]

Rokeach, M.: From Individual to Institutional Values: With Special Reference to the Values of Science. In: Rokeach, M.: *Understanding Human Value.* New York: The Free Press, (1979), S. 47 – 70

Sackmann, S.: Werte – Einstellungen – Verhalten. Einführung in die Organisationspsychologie. Köln: Institut für angewandtes Wissen e.V., 2003 http://docs.google.com/viewer?a=v&q=cache:fDndW8kVeUcJ:www.iaw-koeln.de/uploads/83/BW_Uni_Muenchen_Werte-Einstellungen-Verhalten.pdf+iaw-ko-eln+sackmann+Werte&hl=de&gl=de&pid=bl&srcid=ADGEEShvuDCx5GABi0whI61ACH9blYYcLpIUytCfGOBrY0lDxqxY96w43HDAbCKuJatVQqDsJDZrr7JMPOo6k8BQSSjENCD2KuUxhYC68I1-

rQghrgFQq__GuRgrAHjjfo1yQP5AEzGJ&sig=AHIEtbR3I45iqJ4HoQ2M-QbybDADwZ5u1g [Stand: 13.05.10]

Sauer, Dr. M.; **Goldberg**, Dr. A.: *Türkischstämmige Migranten in Nordrhein-Westfalen. Ergebnisse der siebten Mehrthemenbefragung*. Stiftung Zentrum für Türkeistudien. Institut an der Universität Duisburg-Essen, 2006 http://www.integration-in-nrw.de/projekte_konzepte/Integration_Allgemein/Mehrthemenbefragungen_t__rkischst__mmiger/7__Mehrthemenbefragung_2005.pdf [Stand: 03.05.2010]

Sauer, Dr. M.: *Teilhabe und Orientierung türkischstämmiger Migrantinnen und Migranten in Nordrhein-Westfalen. Ergebnisse der zehnten Mehrthemenbefragung*. Stiftung Zentrum für Türkeistudien. Institut an der Universität Duisburg-Essen, 2009 http://www.mgffi.nrw.de/pdf/integration/NRW-Bericht_2009.pdf [Stand: 03.05.2010]

Schnell, R.: Dimensionen ethnischer Identität. In: Esser, H.; Friedrichs, J.: *Generation und Identität*. Theoretische und empirische Beiträge zur Migrationssoziologie. Opladen: Westdeutscher Verlag GmbH, (1990), S. 43-72

Schönhuth, M.: *Glossar Kultur und Entwicklung. Ein Vademecum durch den Kulturdschungel*. In: Trierer Materialien zur Ethnologie, Ausgabe 4, (2005)

Sinus Sociovision: *Die Milieus der Menschen mit Migrationshintergrund in Deutschland. Eine qualitative Untersuchung von Sinus Sociovision*. Auszug aus dem Forschungsbericht, Heidelberg, 2007 http://www.aba-fachverband.org/fileadmin/user_upload/user_upload_2007/politik-zeitgeschehen/migranten-milieu-report-2007-pdf.pdf [Stand: 26.04.2010]

Skrobanek, J.: Theorie der sozialen Identität (SIT): eine theoretische und empirische Kritik. In: Melzer, M; Emmerich, R., Jobst, S. (Hg.): *Identifikation: Bedingungen, Prozesse, Effekte und forschungsmethodische Realisierungen in verschiedenen Kontexten. Ein interdiszplinäres Kolloquium*. Leipzig: Leipziger Universitätsverlag GmbH, (2005), S. 5-19

Stroebe, Prof. Dr. W.; **Jonas**, Prof. Dr. K.; **Hewstone**, Prof. Dr. M. (Hg.): Sozialpsychologie. 4. Auflage. Heidelberg: Springer Medizin Verlag, 2003

Statistisches Taschenbuch 2009. München und seine Stadtbezirke. München: Statistisches Amt, 2009 http://www.mstatistik-muenchen.de/rclnks/themen.htm [Stand: 29.05.2010]

Tajfel, H.: Social Categorization, Social Identity and Social Comparison. In: Tajfel, H.: *Differentiation between Social Groups*. London: Academic Press Inc., (1978), S. 61-76

Thomas, A.: Kultur und Kulturstandards. In: Thomas, A.; Kinast E.-U.; Schroll-Machl, S.: *Handbuch Interkulturelle Kommunikation und Kooperation. Grundlagen und Praxisfelder.* Band 1. 2. überarb. Auflage. Göttingen: Vandenhoeck & Ruprecht GmbH & Co.KG, (2005), S. 19 – 31

Williams, R. M.: Change and Stability in Values and Value Systems: A sociological Perspective. In: Rokeach, M.: *Understanding Human Values*. New York: The Free Press, (1979), S. 15 – 46

Wunderlich, T.: *Die neuen Deutschen. Subjektive Dimensionen des Einbürgerungsprozesses.* Stuttgart: Lucius & Lucius, 2005

Anhang 1: Interviewleitfaden

1. Anmerkungen zum Ablauf

- In der Arbeit geht es darum, wie verbunden Sie sich mit Deutschland fühlen und ob Sie das Gefühl haben, Sie gehören dazu.
- Es geht in diesem Interview um Ihre persönlichen Ansichten, Ihre Einstellung und Ihre Meinung; es gibt kein ‚richtig' oder ‚falsch'
- Ist es in Ordnung für Sie, wenn das Interview aufgezeichnet wird? (Erlaubnis hierfür einholen)
- Der Name erscheint nicht (anonymisiert)
- Es dauert ca. 1 – 1,5 Stunden
- Am Ende werden noch ein paar statistische Fragen und allgemeine Fragen zur Lebenssituation gestellt
- Wenn es Fragen gibt, die Ihnen unangenehm sind, müssen Sie diese nicht beantworten.
- Bei Interesse können Sie die Ergebnisse der Befragung nach Abgabe der Masterarbeit erhalten (Emailadresse erfragen)

2. Interviewfragen

(fett gedruckte Sätze werden immer gesagt/gefragt, die anderen dienen als Unterstützung bei Bedarf, um den Erzählfluss aufrecht zu erhalten).

Mich interessiert, wie verbunden Sie sich mit Deutschland fühlen und ob Sie das Gefühl haben, Sie gehören dazu.

Fühlen Sie sich verbunden mit Deutschland?

Gibt es Beispiele für Ihre Verbundenheit? (Erlebnisse, wichtige Situationen, Menschen)

Was hat Ihnen in dieser (n) Situation (en) geholfen?
Was oder wen braucht man, um sich verbunden zu fühlen?

Was ist in Deutschland so wichtig für Sie geworden, dass Sie es sich nicht mehr wegdenken können?

Gibt es deutsche Ansichten, Einstellungen ....., die Sie im Laufe der Zeit **übernommen** haben / **hinter denen Sie stehen**?
Gibt es etwas, was Sie vorher nicht gekannt haben, kennen gelernt haben und jetzt auch so machen?

Haben Sie das Gefühl Sie gehören dazu?

Gibt es Erlebnisse, Situationen, wo sie das Gefühl hatten, sie gehören dazu?

Gab es Erlebnisse, die Sie in Ihrem Gefühl dazuzugehören, zurückgeworfen haben?

Wie haben Sie sich in dieser (n) Situation(en) gefühlt?

Wie hat der/die andere in der Situation reagiert, was hat die Person direkt oder indirekt gesagt?

Was brauchen Sie, damit Sie das Gefühl haben, Sie gehören dazu?

Habe ich es richtig verstanden, Sie meinen, wenn man sich dazugehörig fühlt, dann …

Sie haben verschiedene Sachen genannt, welche passt am besten?

Was war gut daran? Woran glauben Sie liegt es, dass es gut war? Was haben Sie in der Situation gemacht?

Was war nicht gut daran? Was hat es schwer gemacht? Was hat Ihnen gefehlt?

Was können die deutschen Mitmenschen im Alltag tun, damit Sie sich (noch) ……… fühlen?

Was hätte die Person in ihrem Beispiel tun können, damit Sie sich …… gefühlt hätten?

Was wünschen Sie sich von den Deutschen (Nachbarn, Kollegen, Freunden etc.)?

Bevor wir nun zum allgemeinen Fragenteil kommen, fällt Ihnen noch etwas ein, was Sie gerne sagen möchten?

3. Statistischer Teil (soziodemographische Fragen)

Wie alt sind Sie?
Wo sind Sie geboren und aufgewachsen? (Nationalität)
In welchem Alter sind Sie nach Deutschland eingewandert?
Warum sind Sie ausgewandert?
Wie lange leben Sie schon in Deutschland?
Lebensform (alleinstehend, verheiratet, Kinder etc.)
Welchen Schulabschluss haben Sie?
Welche Berufsausbildung haben Sie?
In welchem Land erworben?
Welchen Beruf üben Sie aus?
Warum haben Sie sich diesen Beruf ausgesucht?
Haben Sie deutsche Freunde und Bekannte?
Haben Sie Freunde oder Bekannte aus anderen Kulturen?
Welche Traditionen aus ihrer Heimat z.B. Festtage sind Ihnen besonders wichtig?
Wie viele Sprachen sprechen Sie?
Haben Sie sich einbürgern lassen/ darüber nachgedacht?
Was ist das wichtigste in Ihrem Leben?

DANKE für das Interview, Ihr Interesse und Ihre Zeit!

KULTUR – KOMMUNIKATION – KOOPERATION

herausgegeben von Gabriele Berkenbusch und Katharina von Helmolt

ISSN 1869-5884

1 *Gabriele Berkenbusch und Doris Weidemann (Hg.)*
Herausforderungen internationaler Mobilität
Auslandsaufenthalte im Kontext von Hochschule und Unternehmen
ISBN 978-3-8382-0026-2

2 *Vasco da Silva*
Critical Incidents in Spanien und Frankreich
Eine Evaluation studentischer Selbstanalysen
ISBN 978-3-8382-0036-1

3 *Gwendolin Lauterbach*
Zu Gast in China
Interkulturelles Lernen in chinesischen Gastfamilien:
Eine Längsschnittstudie über die Erfahrungen deutscher Gäste
ISBN 978-3-8382-0082-8

4 *Katharina Bertz*
Akkulturationsmodelle in der aktuellen Forschung
Metaanalyse neuester wissenschaftlicher Studien über Akkulturation
ISBN 978-3-8382-0126-9

5 *Sabine Emde*
Immigration und Schwierigkeiten im deutschen Alltag
Eine chinesische Migrantin in Deutschland
ISBN 978-3-8382-0101-6

6 *Andrea Richter*
Auslandsaufenthalte während des Studiums - Stationen, Bewältigungsstrategien und Auswirkungen
Eine qualitative Studie
ISBN 978-3-8382-0108-5

7 *Jessica Bielinski*
Bikulturelle Partnerschaften in Deutschland
Eine Studie über Diskriminierungen, Konflikte und Alltagserfahrungen
ISBN 978-3-8382-0299-0

8 *Gabriele Berkenbusch, Katharina von Helmolt, Vasco da Silva (Hg.)*
Migration und Mobilität aus der Perspektive von Frauen
ISBN 978-3-8382-0156-6

9 *Ann-Kathrin Hörl*
Interkulturelles Lernen von Schülern
Einfluss internationaler Schüler- und Jugendaustauschprogramme auf die persönliche Entwicklung und die Herausbildung interkultureller Kompetenz
ISBN 978-3-8382-0361-4

10 *Gwendolin Lauterbach*
Hierarchie in internationalen Hochschulkooperationen
Eine Studie zu deutsch-kirgisischer Projektarbeit
ISBN 978-3-8382-0392-8

11 *Gabriele Berkenbusch, Elisa Wiesbaum, Jens Weyhe*
Zwischen Hochschule und Arbeitsmarkt
Die Absolventenstudie der Fakultät Angewandte Sprachen und Interkulturelle Kommunikation der Westsächsischen Hochschule Zwickau
ISBN 978-3-8382-0351-5

12 *Ciara Hogan, Nadine Rentel, Stephanie Schwerter (eds.)*
Bridging Cultures: Intercultural Mediation in Literature, Linguistics and the Arts
ISBN 978-3-8382-0352-2

13 *Katharina von Helmolt, Gabriele Berkenbusch, Wenjian Jia (Hg.)*
Interkulturelle Lernsettings
Konzepte – Formate – Verfahren
ISBN 978-3-8382-0349-2

14 *Alexandra Bauer*
Identifikative Integration
Über das Zugehörigkeitsgefühl von Migranten und Migrantinnen zu ihrer Aufnahmegesellschaft
ISBN 978-3-8382-0382-9

***ibidem*-Verlag**
Melchiorstr. 15
D-70439 Stuttgart
info@ibidem-verlag.de

www.ibidem-verlag.de
www.ibidem.eu
www.edition-noema.de
www.autorenbetreuung.de

Zeitfracht Medien GmbH
Ferdinand-Jühlke-Straße 7
99095 Erfurt, Deutschland
produktsicherheit@kolibri360.de